科学早知道

生物

冰河 编著

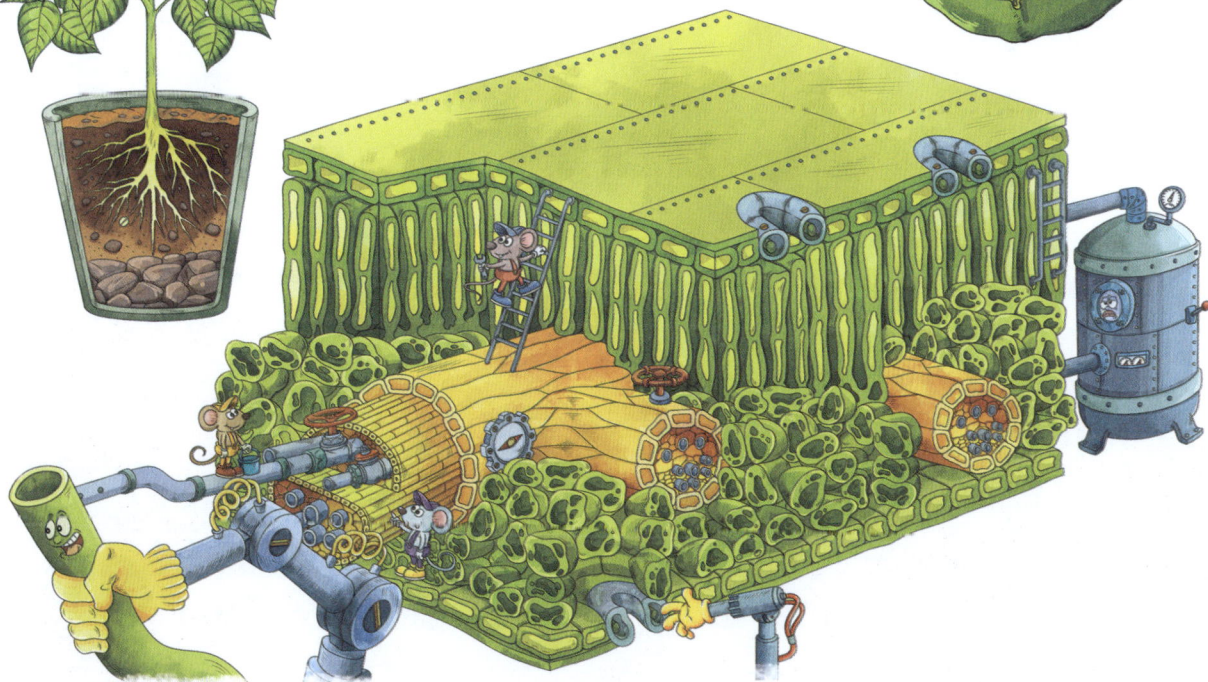

中国和平出版社
China Peace Publishing House
北京

图书在版编目（CIP）数据

科学早知道. 生物 / 冰河编著. -- 北京 :中国和
平出版社, 2024.4（2024.7重印）
　ISBN 978-7-5137-2766-2

Ⅰ.①科… Ⅱ.①冰… Ⅲ.①科学知识—少儿读物②
生物—少儿读物 Ⅳ.①Z228.1②Q-49

中国国家版本馆CIP数据核字(2024)第063765号

科学早知道　生物
KEXUE ZAO ZHIDAO SHENGWU

		冰河　编著

责任编辑	金惠云
插图绘画	百闻文化
设计制作	张　昕
责任印务	魏国荣
出版发行	中国和平出版社（北京市海淀区花园路甲13号院7号楼 10层　100088）
网　　址	www.hpbook.com　　bookhp@163.com
出 版 人	林　云
经　　销	全国各地书店
印　　刷	鸿博睿特（天津）印刷科技有限公司
开　　本	889mm×1194mm　　1/16
印　　张	8
字　　数	80千字
印　　量	40001~60000册
版　　次	2024年4月第1版　2024年7月第4次印刷
书　　号	ISBN 978-7-5137-2766-2
定　　价	100.00元（全4册）

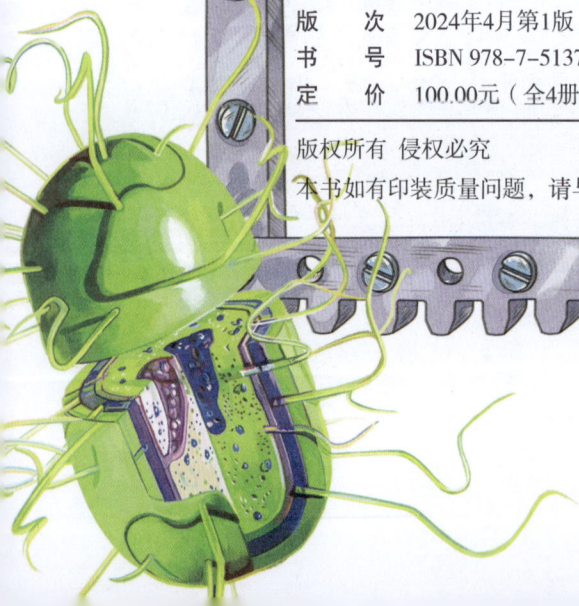

目　录

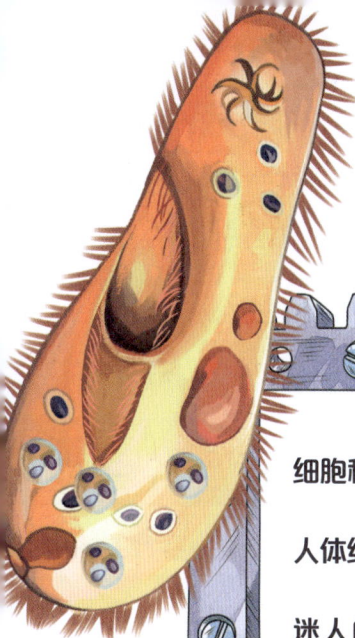

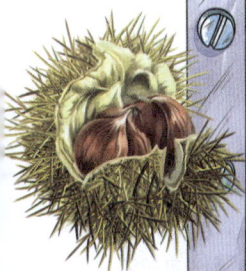

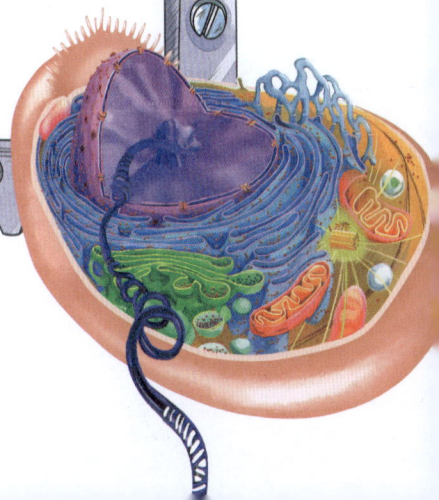

在这个星球上，有花开花落，有四季更迭，有虫鸣鸟叫，有鱼戏莲间；当然也会有病毒侵扰，瘟疫肆虐……这套书从孩子的视角，用简洁的语言、生动的插画，把孩子们带进一个奇妙的生物世界。你读后不仅可了解看不见的微生物、不可思议的人体，还可知道动植物的繁衍生息。

一起来了解有趣的生物知识吧！

细胞和它的指挥中心

细胞是生命的基本单位，除病毒之外，所有生物都是由细胞组成，不过，病毒的活动也要在细胞中完成。在我们人体中，有无数的细胞，每个细胞小到无法用肉眼看见，但是，在显微镜的帮助下，我们就能研究细胞了。细胞里有个细胞核，它是细胞的控制中心，可以发号施令，指挥着细胞工作。

细胞核是细胞的控制中心，指导着细胞遗传与代谢的调节。

线粒体： 为细胞活动提供能量。

核糖体： 按照细胞核的指令制造蛋白质。

细胞膜是防止细胞外物质自由进入细胞的屏障。

人体内死亡的细胞都去哪里了？

人体每天会不断地产生新的细胞，把那些老的、死去的细胞替换掉。这些死掉的细胞都随着身体的新陈代谢被排出体外了。

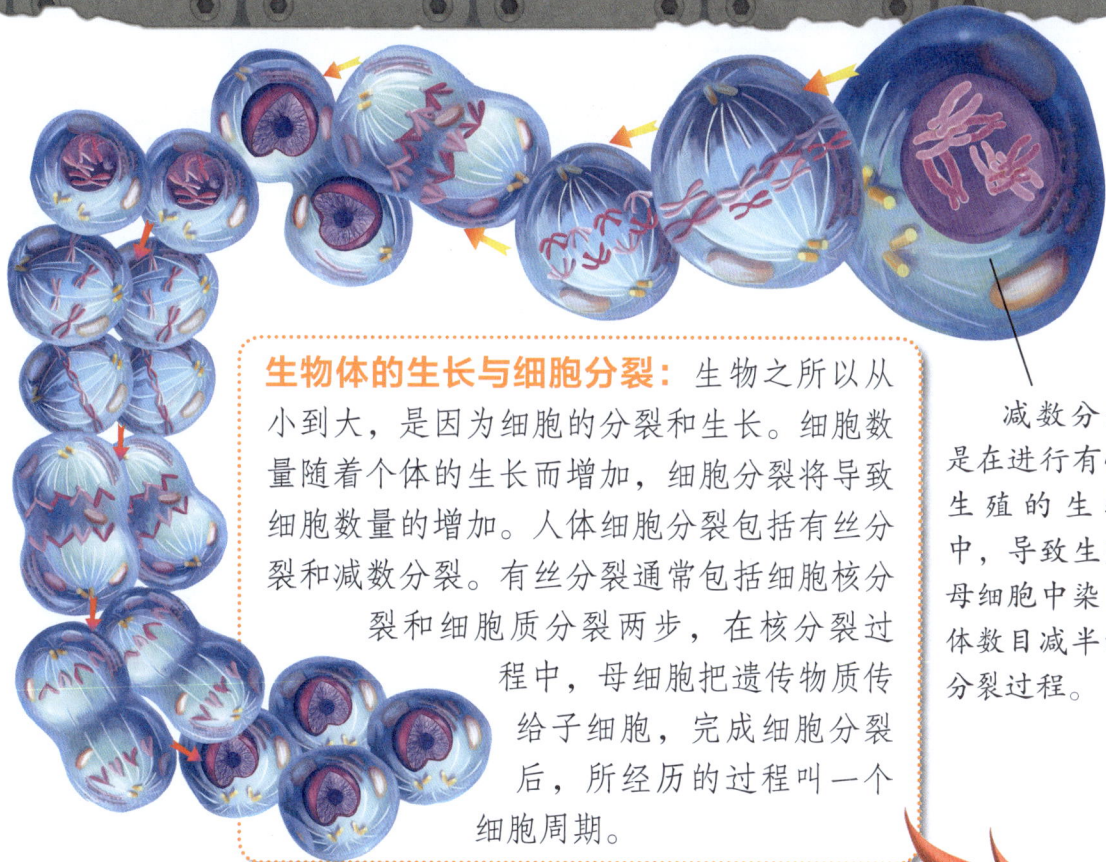

生物体的生长与细胞分裂： 生物之所以从小到大，是因为细胞的分裂和生长。细胞数量随着个体的生长而增加，细胞分裂将导致细胞数量的增加。人体细胞分裂包括有丝分裂和减数分裂。有丝分裂通常包括细胞核分裂和细胞质分裂两步，在核分裂过程中，母细胞把遗传物质传给子细胞，完成细胞分裂后，所经历的过程叫一个细胞周期。

减数分裂是在进行有性生殖的生物中，导致生殖母细胞中染色体数目减半的分裂过程。

人体的各种细胞

①脂肪细胞里填满了液滴状的脂肪，它不仅可以帮助人体保持体温，还可以在需要时，给机体供应能量。

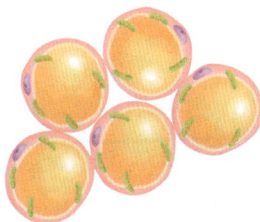

②神经细胞是组成神经系统的基本结构单位，它们互相连接在一起，像高速公路一样，负责接收和传递各种信号。

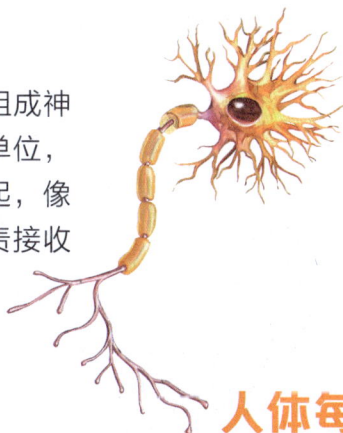

③肌肉细胞共同组成肌肉纤维，来帮助躯体和四肢完成运动。

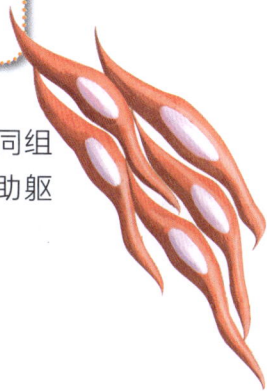

④无数胃上皮细胞组合在一起，形成胃黏膜组织，胃黏膜组织与其他结构细胞再结合在一起，组成人体的消化器官——胃。

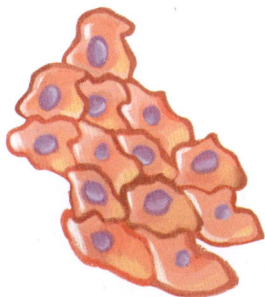

人体每天要死亡多少个细胞?

科学家发现，每个成年人的体内，每天要死亡上百亿的细胞，其实这些细胞大都是自然老化死亡的，同时，每天还会有新的细胞产生，有学者计算，一个体重120斤的人，每天死亡的细胞有300克左右。

人体细胞核里的神秘物质

人体内的细胞并不是一成不变的，它每天都会分裂，生成新的细胞。这些新生成的细胞，可以代替那些已经受损的旧细胞。在这个过程中，新生成的细胞还和原来的旧细胞一模一样。这其中有何奥秘呢？原来，细胞的细胞核里有种神秘的物质，它就是由DNA和蛋白质构成的染色体。

染色体是染色质丝螺旋缠绕，缩短变粗形成的浓缩结构，染色体在细胞分裂前会复制和数量翻倍。细胞分裂形成的新细胞的染色体数目与原细胞相同。

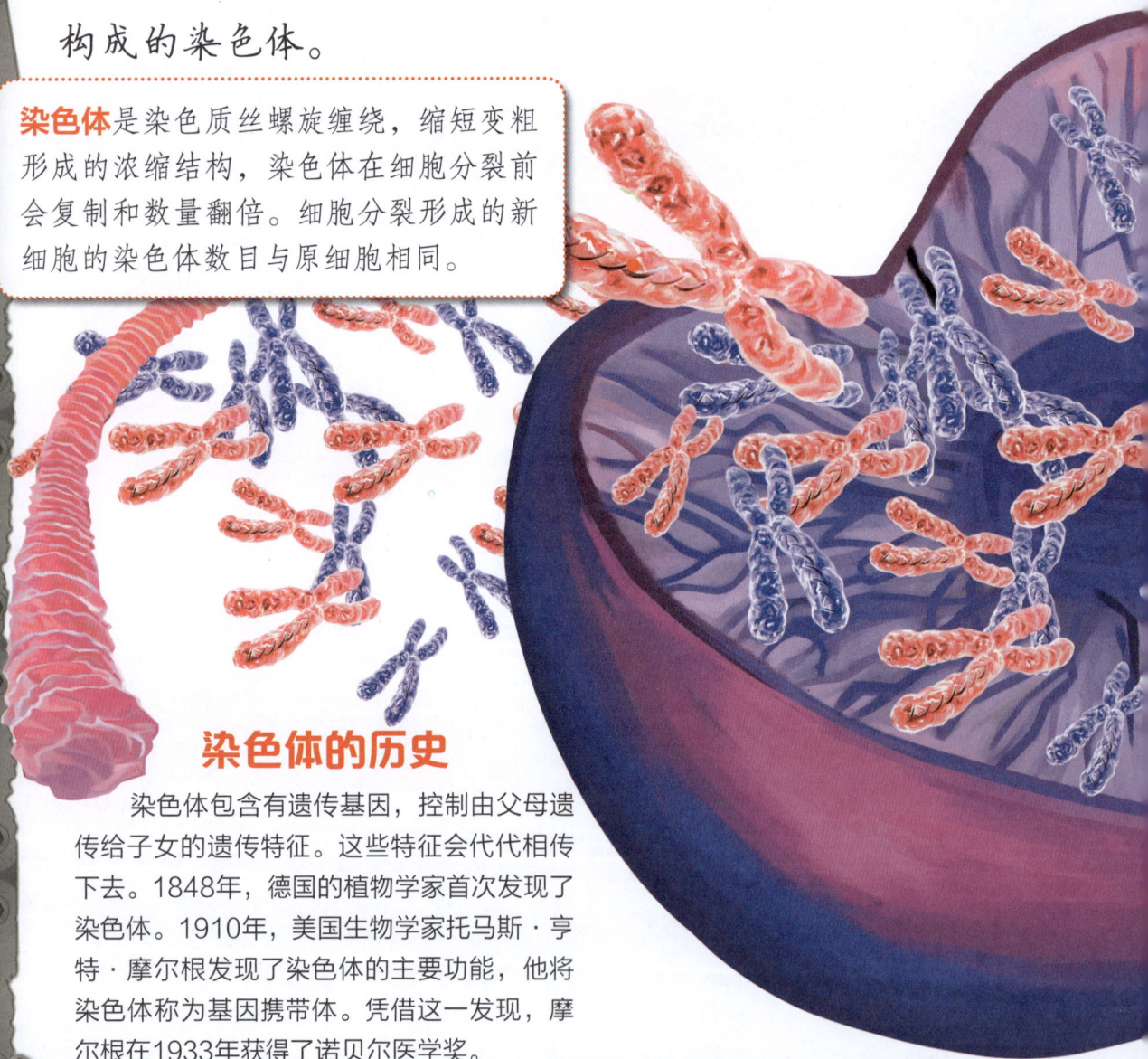

染色体的历史

染色体包含有遗传基因，控制由父母遗传给子女的遗传特征。这些特征会代代相传下去。1848年，德国的植物学家首次发现了染色体。1910年，美国生物学家托马斯·亨特·摩尔根发现了染色体的主要功能，他将染色体称为基因携带体。凭借这一发现，摩尔根在1933年获得了诺贝尔医学奖。

染色体由染色质丝扭成螺旋圈一样的紧密结构——称为超螺线管。

每个染色质由类似"脚手架"的其他蛋白质所固定的环状结构组成。

每个染色体都由两条通过着丝粒连着的染色单体构成。染色体含有DNA（脱氧核糖核酸）和蛋白质。

核小体构成染色体的基本单位，是由DNA链缠绕组蛋白八聚体组成。

每一圈环状结构含有6个核小体，这些核小体就像珍珠一样，被DNA链串了起来。

数量各异的染色体

不同生物之间，染色体的数量也不相同，比如蕨类植物有1260条染色体，人有46条染色体，蝾螈有24条染色体，果蝇有8条染色体。我们可能发现，这几种动植物的染色体都是偶数的，那么有没有奇数的染色体呢？有，比如骡子。骡子是马和驴结合的后代，马有64条染色体，驴有62条染色体，而它们的孩子——骡子只有63条染色体。

迷人的植物细胞王国

路边的大树，花园里的鲜花，田野上翻滚的麦浪，池塘中漂浮的水藻，它们的模样各不相同，却都是由一种类似的"建筑材料"——植物细胞构成。

植物细胞通常很小，大多数都要借助显微镜才能看清楚。不过植物细胞虽小，功能却很强大，你想了解植物细胞吗？让我们去看看它精巧的构造吧。

液泡：液泡会随着细胞的生长而渐渐长大，直到有一天，在成熟的细胞中形成一个大大的液泡，这个时候，它可以占据细胞王国90%以上的领地！

植物的细胞壁像细胞穿的外衣，主要由纤维素构成，具有一定的硬度和弹性。在植物小的时候，细胞壁很薄，随着它慢慢长大，细胞壁会慢慢变厚。细胞壁上有细细的纹孔，供细胞与外界之间进行物质交换。

高尔基体

线粒体

内质网

细胞膜

核液

核仁

叶绿体是植物绿色细胞所特有的能量转换细胞器。大多数植物的能量来源都是叶绿体进行光合作用提供的。在显微镜下，高等植物的叶绿体形状一般为椭球形，叶绿体中由于含有大量的叶绿素而呈现绿色。

细胞质

叶绿体

纹孔

植物细胞和动物细胞有什么区别？

植物和动物都是由细胞构成的，但植物细胞和动物细胞的结构不太一样。植物细胞有三件宝贝是动物细胞没有的：细胞壁、液泡和叶绿体。如果要你在显微镜下观察并判断观察物属于什么细胞，通常情况下，你只需找到上述三件宝贝中的一种，就可以判断它是植物细胞了。

地球上，生活着许许多多的植物，有的植物只由一个**细胞**构成，一切生命活动都由这一个**细胞**来完成。地衣是最常见的苔藓植物之一，它是由真菌和藻类组成的混合体，主要繁殖方式类似真菌。

牵牛花的生长过程

有的植物则由无数个细胞构成，它们分工合作，共同保证着植物生根、发芽、生长、开花和结果。

7

像只拖鞋的草履虫

草履虫身体很小，它只由一个细胞组成，属于单细胞动物。经实验表明，草履虫的身体可以感受到光、热、电的刺激。世界上最常见的是大草履虫，体长有180~280微米。草履虫的寿命很短，一般只有24小时左右。因为它的身体形状看上去像一个倒放的草鞋底，所以人们称它为草履虫。

草履虫最大的天敌就是栉毛虫。栉毛虫是一种枪管状的原生生物。它的细胞呈圆桶形，胞口位于前部圆锥形突起的顶端。身体上有1至2圈纤毛环绕，纤毛环上的纤毛整齐排列成梳状的纤毛栉。由于草履虫的身材比栉毛虫大得多，所以，当栉毛虫攻击草履虫的时候，会先将自己的身体扩张3~4倍，然后再喷射出毒丝泡，射向草履虫。当草履虫被毒丝泡击中时，它会变得失去知觉，而栉毛虫就会慢慢靠近，将它吞食。

攻击：栉毛虫将毒丝泡射向草履虫。

栉毛虫的大核体在身体中部。

栉毛虫逐渐靠近被麻痹了的草履虫。

栉毛虫正在吞食草履虫。

栉毛虫完全吞没了草履虫。

草履虫能感受到光、热、电

草履虫是单细胞生物，细胞内除了蛋白质等一些物质外，大部分是由水构成的。而细胞内的水并不都是处在流动状态，有一部分是静止不动的，称之为"液晶态"。液晶态对外界的变化非常敏感，所以草履虫能感觉到光、热、电对它的刺激，也就不足为奇了。

一只草履虫每小时大约能形成60个食物泡，每个食物泡中大约含有30个细菌，因此，一只草履虫每天大约能吞食4万多个细菌，它对污水有一定的净化作用。

伸缩泡： 收集代谢废物和多余的水分，并排到体外。

让你惊奇的事实

草履虫是单细胞生物，没有神经系统。但草履虫能逃避有害刺激，趋向有利刺激，它的这种反应活动称为应激性。应激性是生物在遇到外界刺激时能够做出的规律性反应，是生物具有的普遍特性，它能够使生物"趋利避害"，增强生物适应周围环境的能力。

单细胞藻类

小核：负责有性重组，每当草履虫进行有丝分裂时，小核都会分裂。

口沟

胞口：食物通过胞口进入草履虫体内。

食物泡 是草履虫进行胞吞作用产生的，食物进入细胞后将与初级溶酶体融合，形成次级溶酶体。食物泡随着细胞质流动，其中的食物逐渐被消化。

大核：包含数百组完整的成对遗传物质，当草履虫的细胞分裂和复制时，大核只需要被大致分成两半即可。

胞肛：草履虫通过肛孔进行排泄。

单细胞生物——细菌

细菌无处不在，比如我们的手上就有很多细菌。但细菌太小了，眼睛看不见，只有借助显微镜才能看见它。你们想知道细菌长什么样子吗？其实细菌还是挺可爱的，有些长得像一串串葡萄，有些长得像珍珠项链，还有的像水果软糖呢。

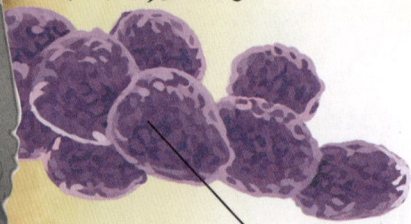

和其他生物不同，细菌是单细胞生物，一个细胞就是一个生命体，它的体内有细胞质和细胞膜等，有些细菌身上还长着可爱的纤毛。

葡萄球菌是一种常见的致病细菌。

乳酸杆菌广泛存在于酸奶中，人们通过摄取乳酸杆菌来帮助消化。

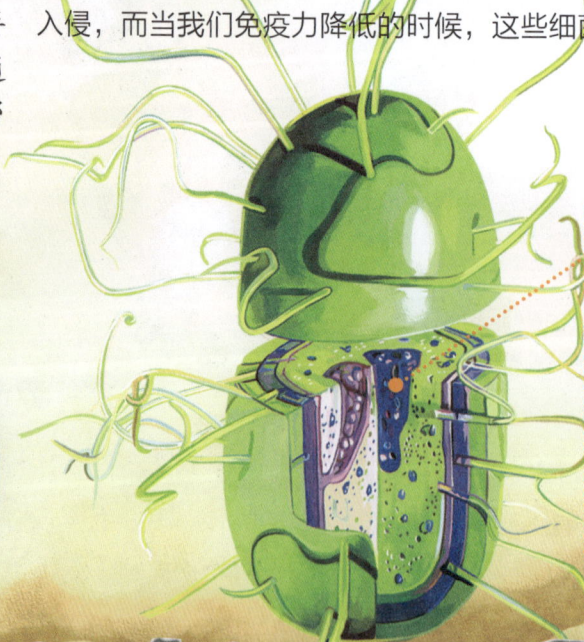

口腔里的细菌

即使每天刷牙，我们的口腔里还是会有许许多多的细菌。有的细菌从空气中传播而来，有的细菌来自食物或者水中。它们的种类很多，有大肠杆菌、葡萄球菌、链球菌和乳酸杆菌等。在身体健康的时候，口腔里的这些细菌可以帮助我们抵抗其他细菌的入侵，而当我们免疫力降低的时候，这些细菌也会让我们生病。

大肠杆菌通常会存在于人和动物的肠道中，在一定状态下，它会引起腹泻等肠道疾病。

细胞质： 它就像一个工厂。其中的核糖体不断合成蛋白质，为细菌的生命活动与代谢提供动力，维持其正常运作。

鞭毛： 它是细菌的运动器官，主要由蛋白质组成。它的根部长在细胞质里面，穿过细胞壁伸到外面。鞭毛可以摆动，让细菌在液体中移动。

细菌的细胞没有由核膜包裹的细胞核，也没有染色体，但有环状的DNA分子位于无定形的拟核区。

细胞膜： 它是细胞壁里面的一层薄膜，可以调节细胞内外物质的出入。

细胞壁： 看上去像是一堵围墙，它由蛋白质和糖组成，可以固定细菌形状。

荚膜： 有的细菌在细胞壁外面还长着一层"荚膜"，它可以保护细菌。一般带有荚膜的细菌很厉害，毒性比较强，不容易被消灭。

可怕的病毒

微生物王国里有一群非常特别的成员，微小的细菌对于它们来说都是庞然大物。它们平时不进食也不成长，一旦锁定合适的细胞，就将自己的遗传信息注入细胞中，使细胞停止正常活动，这些家伙就是病毒。

这种形态奇异的病毒是**噬菌体**，它在攻击细菌。

噬菌体将DNA注入细菌中。

在细菌内部，噬菌体的DNA完成自我复制，生成新病毒。

细菌的DNA

头部

尾丝：噬菌体的下方长有6条像脚一样的尾丝。这些由蛋白质构成的尾丝能牢牢地吸附在细菌的表面。

尾鞘：它是一条连接头部与尾丝的中空的管子。通过尾鞘，病毒可以把DNA注入细菌中。

"假装睡觉"的噬菌体

平时，噬菌体好像是处在深度睡眠中，甚至都不显现生命的迹象，一旦遇到合适的宿主细菌细胞时，它们瞬间就会被唤醒，像一架架灵活的探测器，迅速锁定细菌细胞，用尾丝把自己固定在细胞表面，同时释放一种可以溶解细胞壁的酶，溶出一个开口，尾鞘收缩，将DNA从开口注入细菌内部。然后它就会舍去自己的外壳，借助侵入细菌细胞内部的DNA使细菌停止正常活动，并按照自身DNA的指令复制出新的病毒。

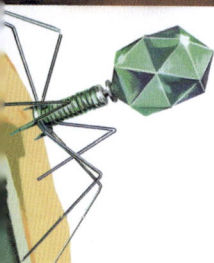

制造溶菌酶

新病毒形成后，DNA还会给细菌下达制造溶菌酶的指令，这种酶能够让细菌的细胞壁破裂，当细胞壁破裂后，复制好的新病毒又从细胞中逃逸出来，静静等待下一个宿主细菌细胞，而细胞壁已经破裂的细菌，生命就在此终结了。

噬菌体：它是病毒家族中，专门攻击细菌的成员。噬菌体的外观很奇特，有一个大大的头部，里面装有最重要的携带遗传信息的DNA。

种类丰富的被子植物

大约1亿年前，裸子植物由盛转衰，被子植物得到发展，成为地球上分布最广、种类最多的植物。目前，被人类所知的被子植物共有30多万种，它们占据了植物界的半壁江山。

被子植物的家族成员众多，这与它们内部结构的复杂、完善是分不开的。根、茎、叶、花、果实、种子，这些器官的精密合作，让被子植物拥有了极强的适应能力，从而能在千变万化的自然环境中展现出蓬勃生机。被子植物的出现和发展，不仅大大改变了植物界的面貌，而且促进了以被子植物为食的昆虫和相关哺乳类动物的发展，使整个生物界发生了巨大的变化。

栗子树可以长到20米高，树冠大大的。夏天，栗子树会开出雌雄两种不同的花朵，入秋后，就能结出一个个布满尖刺的栗蓬。这些栗蓬的肚子鼓鼓的，里面大概有2~3枚果实，这些果实经过翻炒，就成为我们平时见到的香味四溢的栗子。

外壳：果实的外壳布满许多尖刺。

果实：呈暗棕色，大多富有光泽。

叶片狭长，有时可达22厘米，它的边缘上有细密的锯齿，叶子上的脉络也很清晰。

被子植物的形态

　　被子植物的形态多种多样。有世界上最高大的乔木——杏仁桉，高达156米；也有非常小的草本植物——无根萍，每平方米水面可容纳约300万个个体。有寿命长达上千年的龙血树；也有几周内开花结籽完成生命周期的短命植物，比如一些生长在干旱荒漠地区的十字花科植物。有水生植物，也有在各种陆地环境中生长的植物。有自养植物，也有寄生的植物，还有食虫的植物。在植物进化史上，被子植物出现后，大地才变得郁郁葱葱，绚丽多彩，生机盎然。

无根萍

筛管存在于**树皮**中，负责运输光合作用产物和多种有机物，所以如果一棵树的树皮被大面积破坏，植物的根部就会因缺乏足够的养料而死去。

光合作用

我们每天都需要吸入大量空气中的氧气，呼出二氧化碳。你一定很担心，如果有一天，空气中的氧气被吸光怎么办呢？不用担心！地球上有那么多植物，植物的每片叶子都是一个"绿色工厂"呢！让我们参观一下这些"绿色工厂"吧！

在**阳光的作用下**，植物的叶片不间断地把空气中的二氧化碳转化成氧气，这个过程就叫作**光合作用**。

叶片上一个个的**气孔**是"绿色工厂"的大门，"原料"和"产品"通过这里输送；气孔与植物的光合作用和蒸腾作用密切相关。气孔下陷或气孔分布在气孔窝内时，是对减少水分蒸腾的适应。

表皮细胞构成了并不怎么坚固的围墙；在栅栏组织和海绵组织这两个车间里，有数不清的高效运转的机器——**叶绿体**，而在叶绿体中，还有一个重要的零件——**叶绿素**。

光合作用包含两个阶段，第一个阶段被称为光反应。在这个阶段，接收到的光导致叶绿素释放电子，水分解并释放出氧气和氢离子(H^+)。第二阶段被称为暗反应，是利用光反应的生成物进行碳的同化作用，使二氧化碳气体还原为糖。

气孔

栅栏组织

海绵组织

叶绿体

光合作用的公式：

$$水 + 二氧化碳 \xrightarrow[叶绿素]{光} 有机物 + 氧气$$

蒸腾作用是植物的根吸水的动力之
一。因为水分的蒸发导致植物体缺水
产生拉力，同时，植物根系利用根
压，将土壤里的水分和溶解在水中的
无机盐类，运送到植物的各个部位。

叶片进行蒸腾作用。

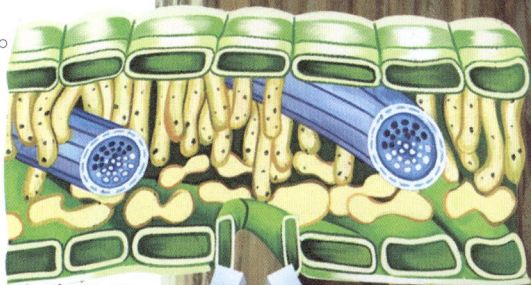

蒸腾作用能降低植
物叶片的温度，防止叶
片被强烈的阳光灼伤。

茎运输水分。

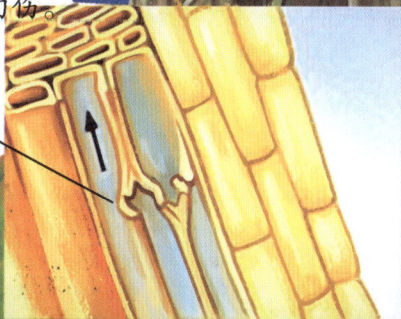

根吸收水分。

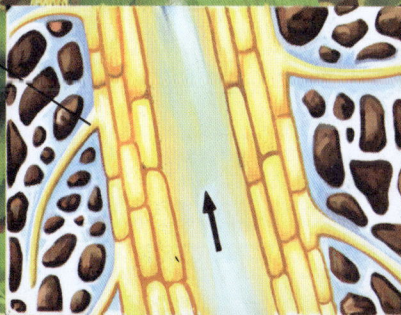

营养的加工厂——消化系统

下面我们要进行一次不同寻常的旅行。旅行的起点是我们的口腔，这是消化系统的第一站，沿着口腔往下走，到达消化系统更深的部分——食道、胃、小肠、大肠等。消化系统能将食物分解成各种营养物质，将其吸收转化，并将消化过程中产生的废物排出体外。准备好了吗？这是一个漫长而充满刺激的旅程！

消化系统就像一条约9米长的通道，穿过我们的身体。这条长长的消化道包括咀嚼、吞咽、搅拌食物的器官，还有分泌消化液、分解食物、吸收养分和排泄残渣的器官。

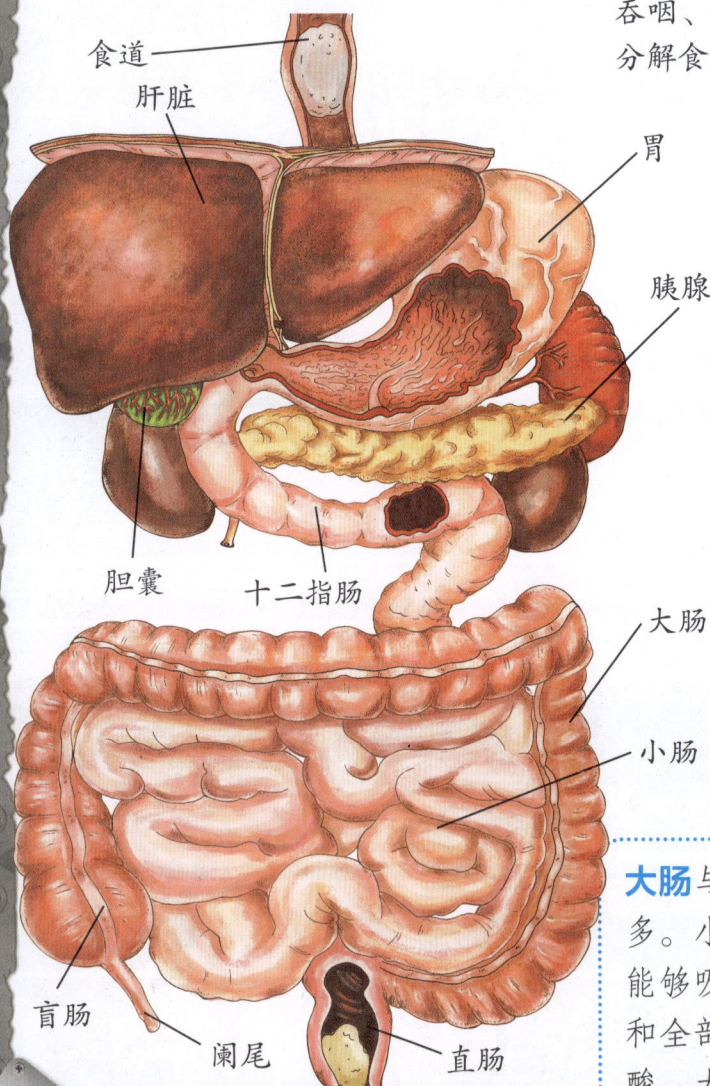

食道、胃、小肠和大肠相互连接成一条长长的管道，从人的口腔一直延伸到肛门。

胃是一个袋状器官，有着强韧有力的肌肉壁。

食物在胃里经过几个小时的消化，变成黏稠的糊状物，并慢慢流入小肠。

胆汁、胰液通过十二指肠的开口，进入小肠内帮助消化食物。

大肠与小肠相连，比小肠粗，而且短得多。小肠是吸收营养物质的主要场所，能够吸收大部分的水、无机盐、维生素和全部的氨基酸、葡萄糖、甘油和脂肪酸。大肠是形成粪便的场所，能够吸收少量的水、无机盐和维生素。

食道
肝脏
胃
胰腺
胆囊
十二指肠
大肠
小肠
盲肠
阑尾
直肠

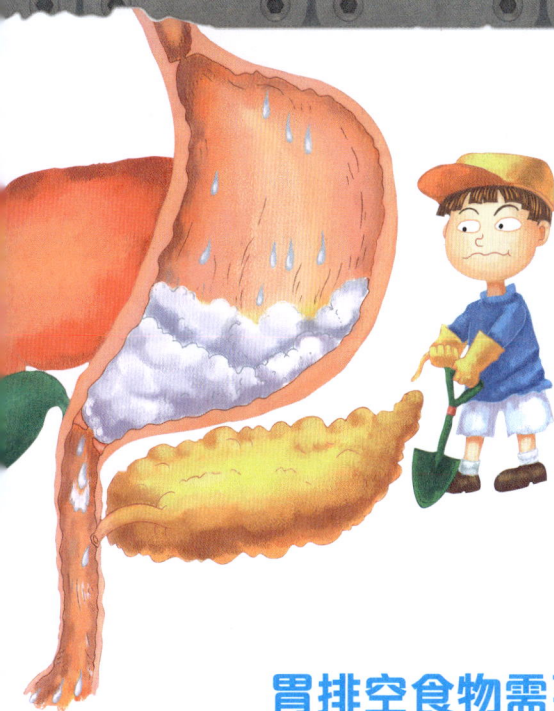

胃排空食物需要多久？

胃排空食物的时间与吃的食物种类有关系。水果和蔬菜大约需1~2小时排空，混合型食物大约需4～6小时排空，牛羊肉等则需要更长时间。

消化液的魔法

食物经过消化器官时，这些器官都会分泌一种能分解食物的消化液。

唾液腺、肝腺、胰腺以及消化管壁上的许多小腺体，它们在食物的消化吸收中同样发挥着重要作用。

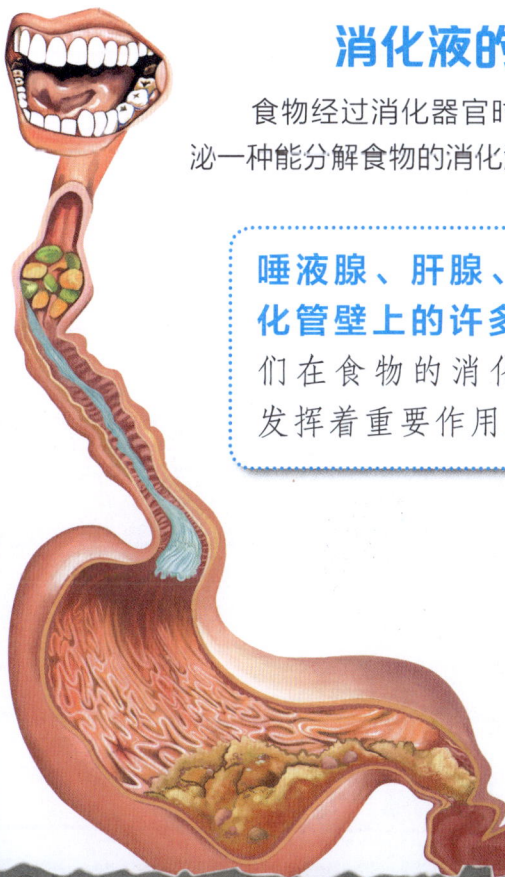

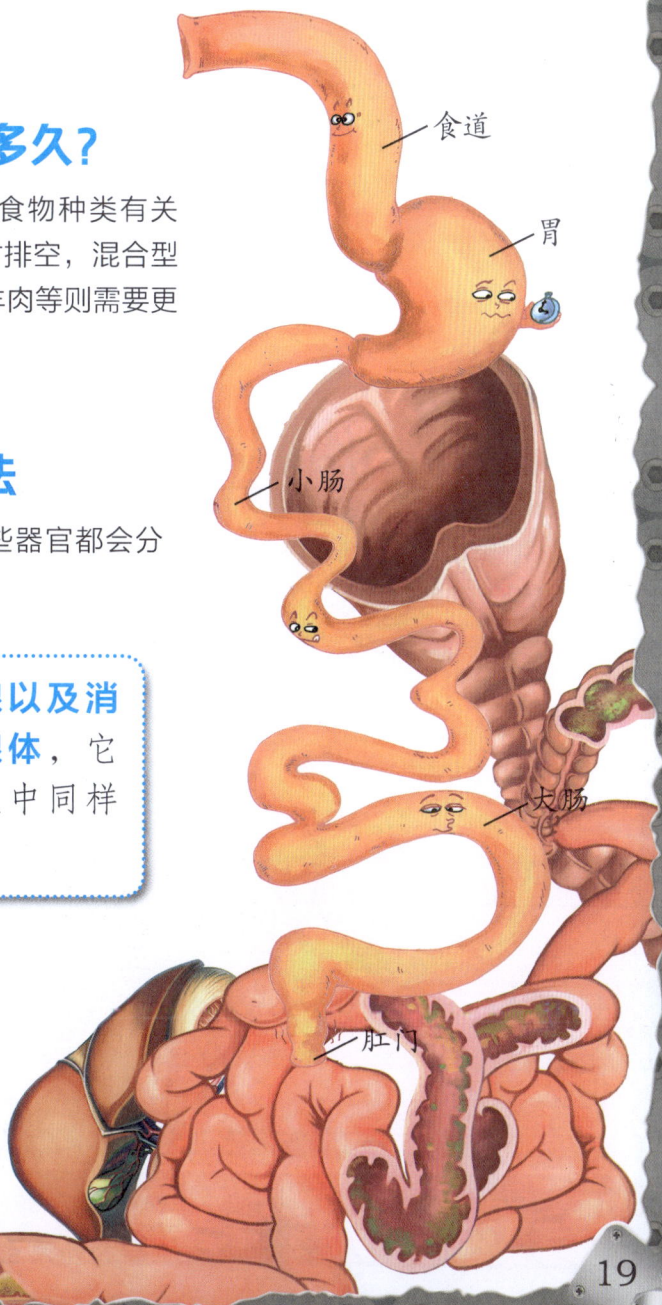

食道

胃

小肠

大肠

肛门

用于气体交换的肺

说到呼吸，我们会很容易联想到鼻子，但呼吸的中心是在我们体内。肺，有人称它为气体交换站，它分为左肺和右肺，位于胸腔的左右两边，介于锁骨和横膈膜之间，四周由肋骨紧紧包围着。肺又软又轻，像两个大大的、海绵一样的袋子，并且富有弹性。虽然我们看不见这两个"海绵袋子"，但在吸气时，我们仍然能感觉出肺部充满了空气。

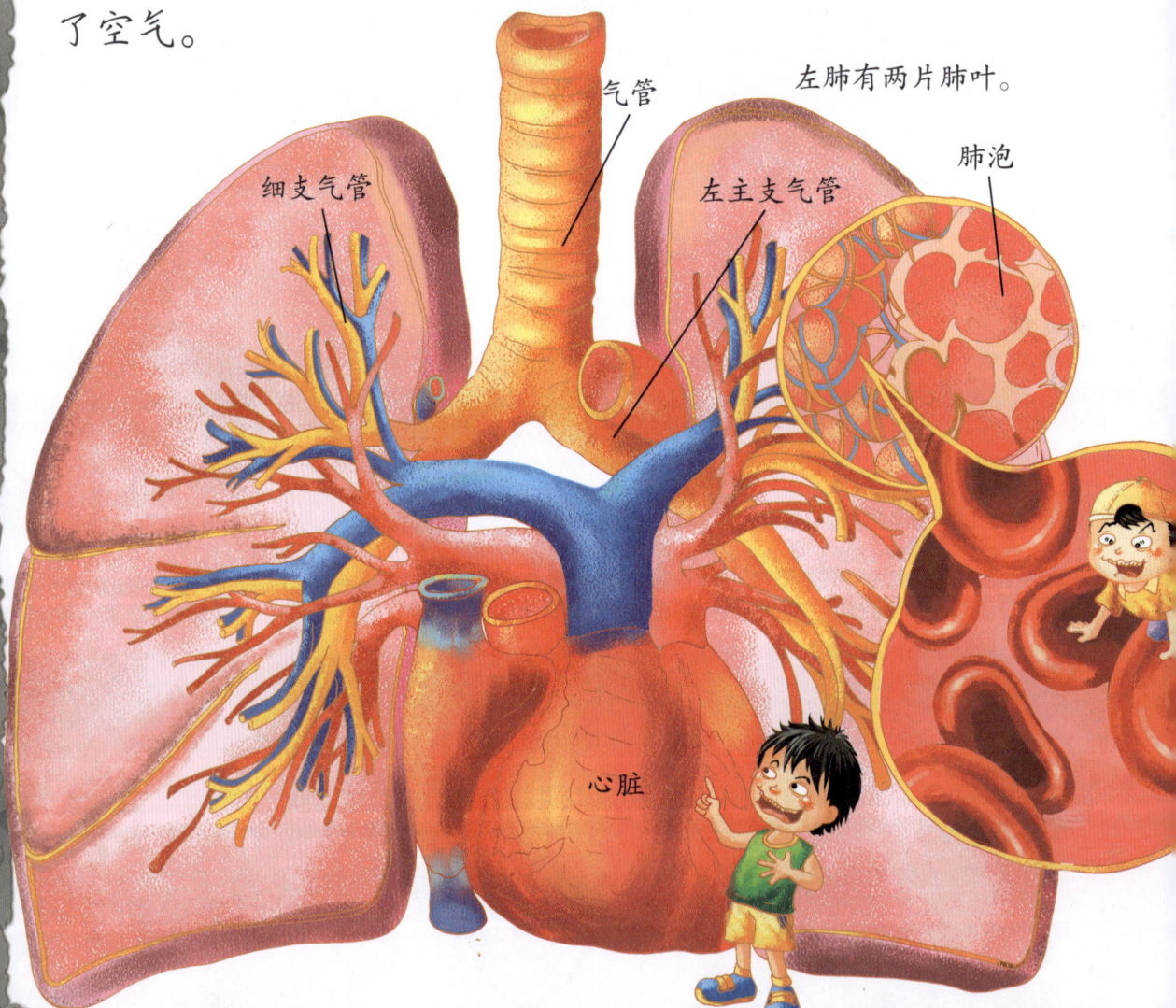

左肺有两片肺叶。

气管

细支气管

左主支气管

肺泡

心脏

右肺和左肺的大小不等，右肺比左肺略大。

空气沿着气管进出肺部

气管在下部分为两个支气管，分别通向左肺和右肺。在肺里，支气管像树枝一样，一次又一次不断地分杈，最终变得比头发丝还细。支气管的末端是非常小的肺泡。

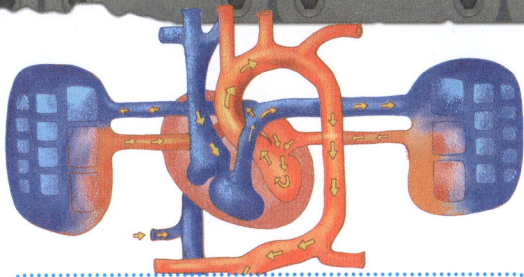

肺泡是肺内进行气体交换的小泡囊，像一个个小气球，有非常薄的壁，表面布满了丰富的毛细血管网，有利于促进气体交换。肺泡内的细胞能够分泌出一种液体，它们覆盖住肺泡内表面，使肺泡在吸气时容易扩张，呼气时又不会完全萎缩。

我们为什么要呼吸？

我们将空气吸进肺部，空气中的氧气经肺部进入血液，然后传遍全身各个组织，这些组织中的细胞需要氧气制造能量。假如细胞极度缺氧，它们就会因耗尽能量而死亡，细胞死了，我们也就无法生存了。

人体吸入的空气进入肺泡后，空气中的氧气会透过肺泡壁和毛细血管壁进入血液，并与血液中的红细胞结合，随着血液流动，到达全身各个部位。红细胞释放出氧气后，又会与二氧化碳结合，并把它带回到肺部释放，通过人的呼气排出体外。

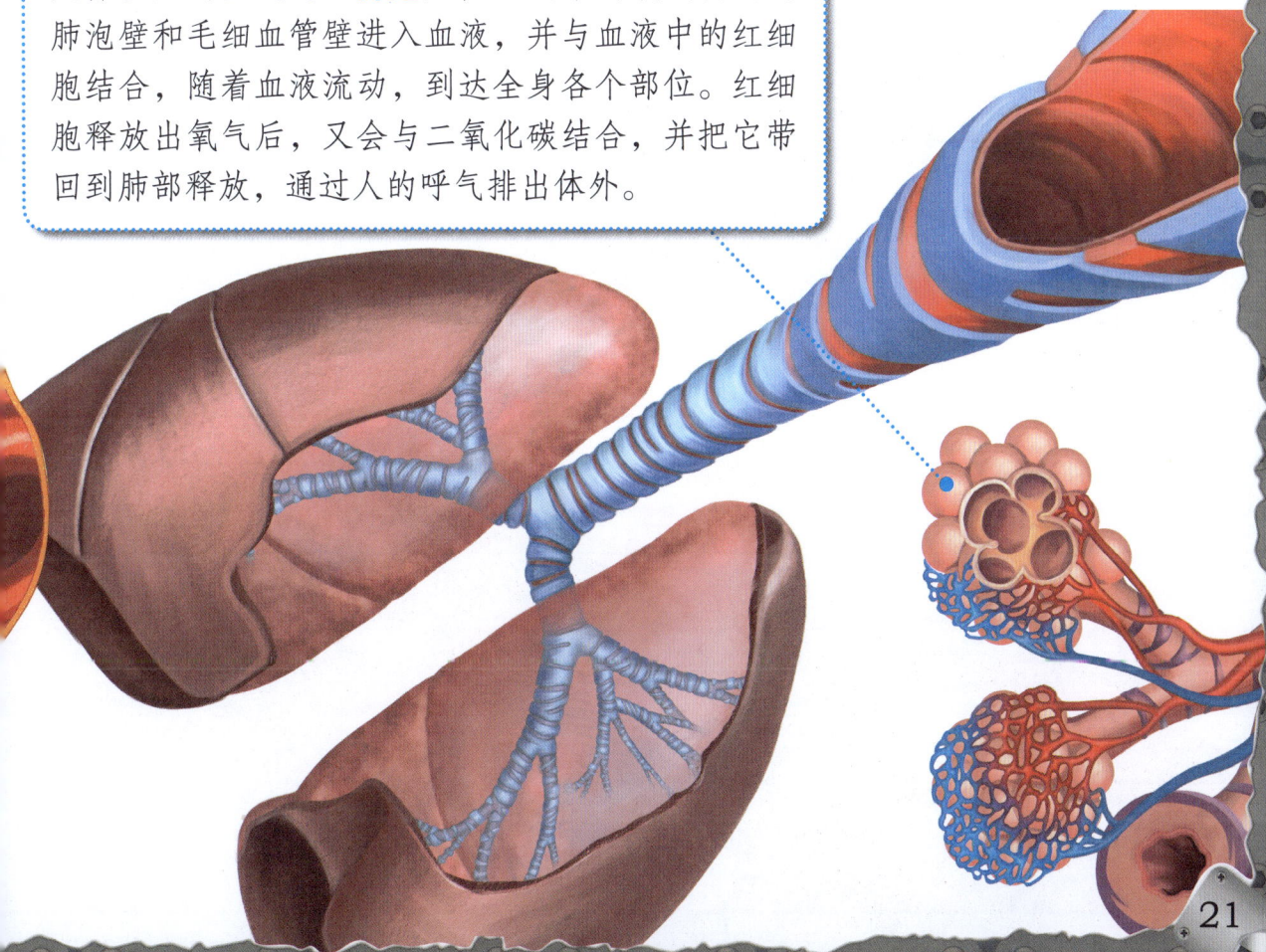

21

血液循环的路径

无论我们睡着还是醒着，静止还是运动，血液都在心脏和血管组成的封闭管道中周而复始地流动，这就是血液循环。血液这样辛劳地工作，就是为了体内的营养运输。血液循环是由体循环和肺循环构成的双循环，血液完成一次完整的体循环，大约需用20秒。

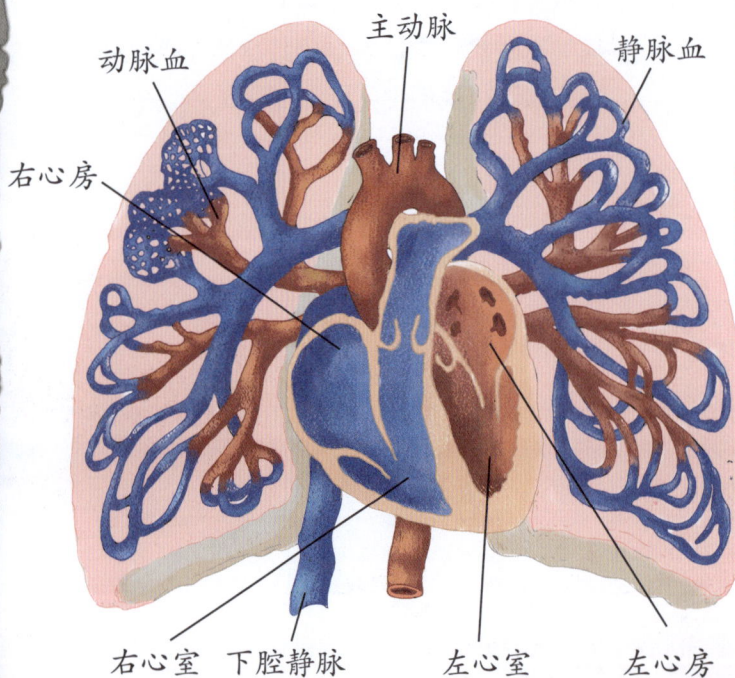

当血液流经全身之后，含氧量少的血液通过上、下腔静脉进入右心房、右心室，然后流入**肺动脉**。

肺动脉将静脉血输送至肺部，在那里，血液中的二氧化碳通过呼吸排出体外。

在肺泡处，静脉血吸收到充足的氧气，血液变成鲜红色的动脉血，再通过肺静脉注入心脏，完成**肺循环**。

动脉血　主动脉　静脉血

右心房

右心室　下腔静脉　左心室　左心房

血液的职责

除了输送营养物质和氧气，带走二氧化碳等代谢废物，血液还承担着许多其他重要的工作：运输调节人体生理活动的激素；带走热量；让伤口凝成血块等。

在**血液循环**过程中，血液实现了动脉血和静脉血的转变。动脉血颜色鲜红，含氧量高；静脉血颜色暗红，含氧量低。在体循环中，动脉血变成静脉血，在肺循环中，静脉血变成动脉血。

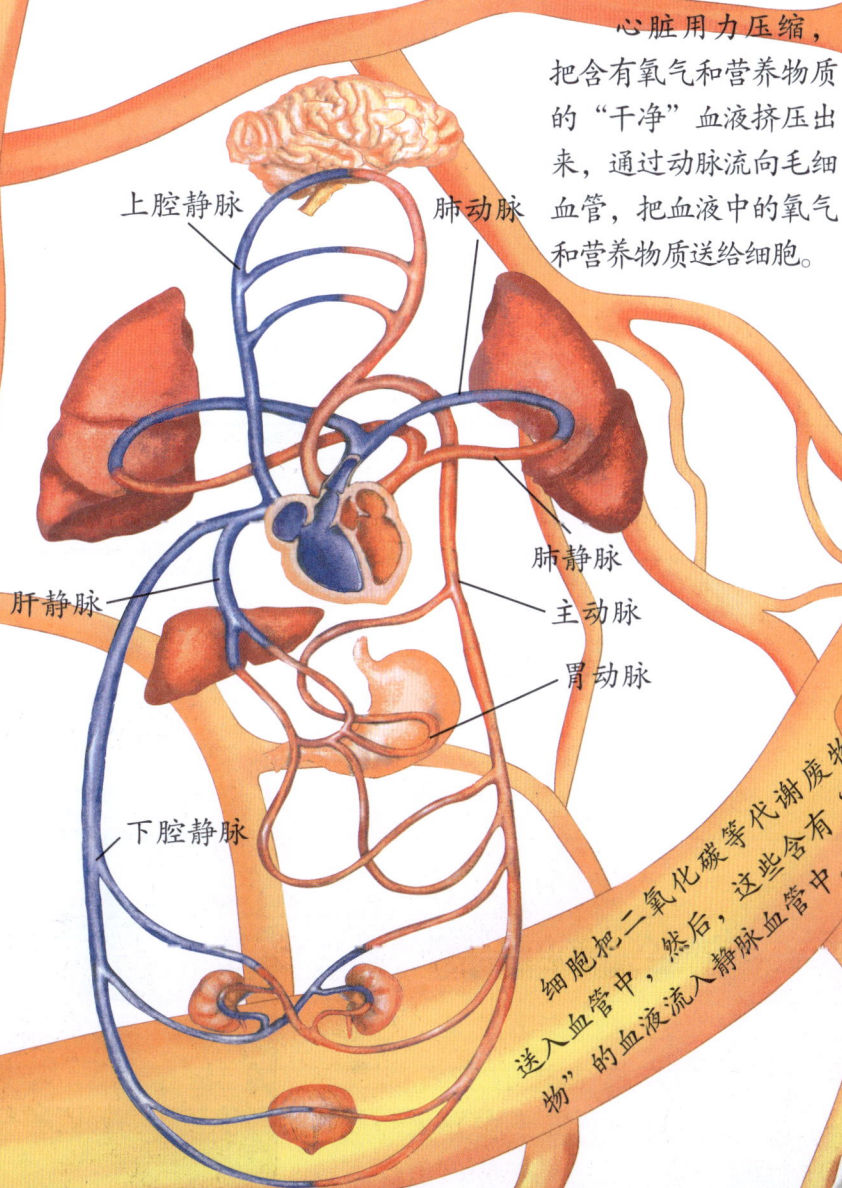

心脏用力压缩，把含有氧气和营养物质的"干净"血液挤压出来，通过动脉流向毛细血管，把血液中的氧气和营养物质送给细胞。

上腔静脉

肺动脉

肝静脉

肺静脉

主动脉

胃动脉

下腔静脉

细胞把二氧化碳等代谢废物送入血管中，然后，这些含有"废物"的血液流入静脉血管中。

海岸边的潮池

在大海与陆地交汇的海岸边，潮水运动清晰地划定了海岸生物的栖息地。潮汐的起落决定着海岸生物水里和水外的生活。许多生物体内都有生物钟，它们能预知与潮水有关的事件，例如涨潮时藻类的丝状物会附在礁石上，抵御海潮的冲击；螃蟹会出来觅食；海星会用管足牢牢抓住礁石缓慢移动，寻找附着在礁石上的藻类等食物。

涨潮时，海边的礁石会被海浪拍打或淹没。退潮后，礁石上会形成一个个小水坑，这些水坑被称为"潮池"。在这个小世界里生活着各种各样的生物，有像花一样的海葵、敏捷的寄居蟹、善于伪装的海星和贻贝等。

等指海葵有时会为争夺地盘而大打出手，争斗时它会向对方喷射毒液，并用钩刺刺向对方，直到软弱的一方屈服为止。

东波鳚通常栖息在退潮后的海岸岩石下，它们的身体大都为细长的形状。

蛇锁海葵

鲽鱼也叫作比目鱼，它们栖息在浅海的沙质海底，身体扁平，双眼在身体的同一侧，喜欢吃小鱼和小虾。

海岸边的共生关系

海岸边的微生物黄藻，通过光合作用为珊瑚提供养分，而珊瑚可以为它们提供保护。蛤蜊依靠这些藻类生产的养分为生，藻类在蛤蜊的外壳边沿上生长。

帽贝生活在海岸边的礁石上，以海藻为食，它们强有力的肉足紧紧地附着在礁石上，直到潮水过后才会移动。

乌贼是章鱼的亲戚，它体内的细管可以喷射水流，以此推动身体前行，还会朝敌人喷出"墨汁"。

贻贝

海星

邓杰内斯蟹

寄居蟹本身是没有壳的，它一般借用死海螺或其他软体动物的壳来保护自己柔软的身体。

生命的神奇演变

地球上最早的生命出现在海洋里。在距今5.4亿年前的寒武纪，陆地上没有任何生命，海洋里却生活着各种低级植物和软体动物。随着陆地环境的变化，池塘、沼泽等地方的周围长满了植物，最早的昆虫也应运而生。与此同时，许多原始的脊椎动物爬上了岸边，成为最原始的"爬行动物"。在中生代时期，恐龙家族统治了地球约1.6亿年。而属于哺乳动物的人类，直到第三纪末期才诞生，并延续至今。

约5.4亿年前寒武纪	约5亿年前奥陶纪	约4.4亿年前志留纪	约4亿年前泥盆纪	约3.6亿年前石炭纪

寒武纪时期的海洋植物千奇百怪，水母型腔肠动物此时也已经出现在海洋里。

原始鳞木繁殖在热带沼泽地区，它是形成煤的原始物料。

双椎螈主要在水中活动，它是一种两栖爬行动物，头骨坚实，牙齿锋利，并拥有五趾形的四肢。

第四纪时期

在第四纪时，地球上的人类虽然已经诞生了，但是统治地球的仍然是动物。随着自然环境的改变，一些不适应环境的动物灭绝了，而另一些动物因为后来人类的崛起而走向灭亡。

约2.8亿年前二叠纪	约2.5亿年前三叠纪	约2亿年前侏罗纪	约1.4亿年前白垩纪

霸王龙是白垩纪时期的陆地霸主，它依靠锋利的牙齿、有力的后足，可以打败其他体形巨大的爬行动物。

板龙体形巨大，体重约为5吨，是一种食草恐龙。

迷惑龙可以吞食水生植物，它的巨尾强健有力，是很好的防身武器。

27

科学早知道

地理

冰河　编著

中国和平出版社

China Peace Publishing House

北京

图书在版编目（CIP）数据

科学早知道.地理/冰河编著. -- 北京：中国和平出版社，2024.4（2024.7重印）

ISBN 978-7-5137-2766-2

Ⅰ.①科… Ⅱ.①冰… Ⅲ.①科学知识—少儿读物②地理—少儿读物 Ⅳ.①Z228.1②K9-49

中国国家版本馆CIP数据核字(2024)第063759号

科学早知道　地理
KEXUE ZAO ZHIDAO DILI

冰河　编著

责任编辑	崔雨薇
插图绘画	百闻文化
设计制作	张　昕
责任印务	魏国荣
出版发行	中国和平出版社（北京市海淀区花园路甲13号院7号楼10层　100088）
网　　址	www.hpbook.com　bookhp@163.com
出 版 人	林　云
经　　销	全国各地书店
印　　刷	鸿博睿特（天津）印刷科技有限公司
开　　本	889mm×1194mm　1/16
印　　张	8
字　　数	80千字
印　　量	40001~60000册
版　　次	2024年4月第1版　2024年7月第4次印刷
书　　号	ISBN 978-7-5137-2766-2
定　　价	100.00元（全4册）

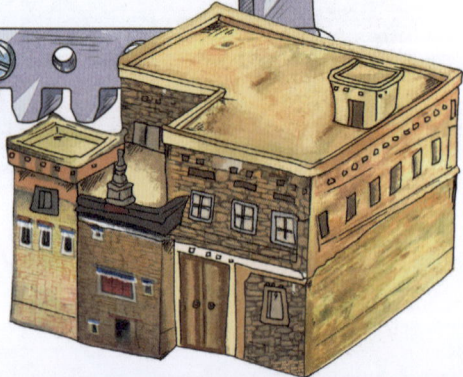

目　录

赤道

地理，不只是书本上的各种数据，也不只是晦涩的专业术语，更不只是一些干巴巴的地名……其实，生活中处处离不开地理，离不开地理知识，例如天气阴沉时，会不会下雨？为什么会有黑夜和白天？四季更替是怎么形成的？为什么会有高山和平原？这些奇妙的问题，在地理学当中都能找到答案。这本书用生动的文字、精美的绘画，激发孩子对地理的兴趣，了解关于地理的奥秘。

经线与纬线

仔细观察地球仪，我们会看到地球仪上画着竖线和横线，它们将地球仪的表面分割成不同大小的四边形或三角形。这些线当中，连接南北两极的线，叫经线；和经线相垂直的线，叫纬线。它们是人们为了在地球上确定位置和方向而标注的。

纬线

赤道

经线

南回归线（南纬23°26′）

纬线是一条条长度不等的圆圈。0°纬线又称赤道。赤道是最长的纬线圈，是北纬、南纬的分界线，赤道以北为北纬，赤道以南为南纬。

经线指示南北方向，所以，经线也叫子午线。国际上规定，把通过英国伦敦格林尼治天文台原址的那一条经线定为0°经线，也叫本初子午线。

北回归线是太阳光线能够直射在北半球上最北时的纬线，是热带和北温带的分界线。

经纬线墨卡托投影图

南回归线是太阳光线能够直射在南半球上最南时的纬线，是热带和南温带的分界线。南北回归线的纬度，决定了地球上五带的分布范围。

判断经度和纬度的方法

判断纬度看横线（上的度数），赤道以北为北纬，赤道以南为南纬。

判断经度看竖线（上的度数），本初子午线以东为东经，本初子午线以西为西经。

判断南北半球看赤道，赤道以北属于北半球，赤道以南属于南半球。

判断东西半球看经度，西经20°以东是东半球，以西是西半球；东经160°以东是西半球，以西是东半球。

判断低、中、高纬看纬度，0°~30°为低纬，30°~60°为中纬，60°~90°为高纬。

判断五带看回归线和极圈，南北回归线之间为热带，北极圈以北为北寒带，北回归线和北极圈之间为北温带。

经线的特征

经线指示南北方向。所有的经线都在南北两极点处相交。两条相对的经线组成一个经线圈，它们度数的和是180°，任何一个经线圈都可以把地球平分为两个半球。

3

地球的自转和公转

地球是一个两极略扁赤道略鼓的球体。它在太空中绕着太阳运行时，时速超过10万千米。地球绕太阳公转一周的时间，大约是365天。地球在围绕太阳公转的同时，还在不停地自转，而地球自转一周的时间大约为24小时。地球不断地自转和公转对我们影响非常巨大。让我们一起去看看吧！

地球在**公转**时，**地轴**与**公转轨道**面并不是垂直的，而是倾斜了23° 26′，因此地球南北两半球得到的日照量并不相同，气温也不一样。2月时，北半球是冬天，南半球却是夏天，因为南半球此时受太阳光直射。到了8月就正好相反，此时地球已经绕太阳转了半圈，轮到北半球接受太阳光直射了，所以北半球是夏天，南半球则是冬天。

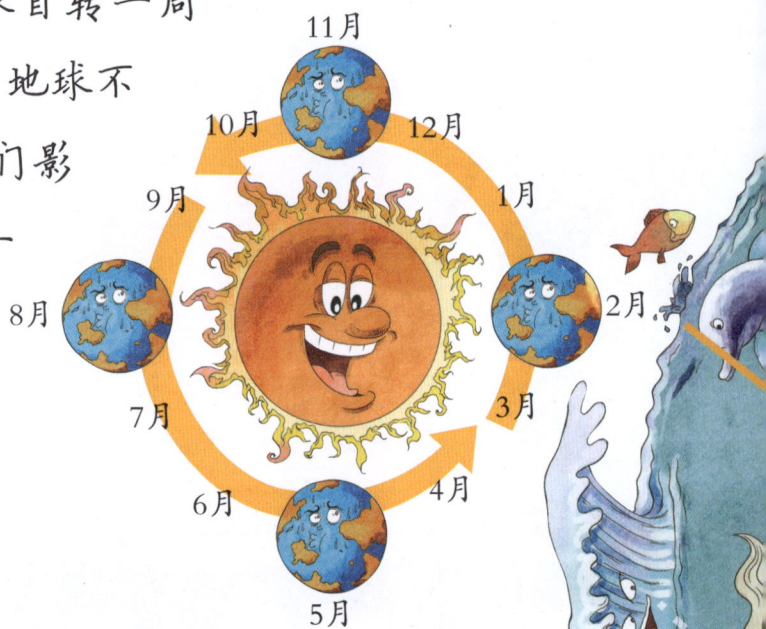

11月
10月
12月
9月
1月
8月
2月
7月
3月
6月
4月
5月

地球公转的椭圆形轨道

地球自转和公转的方向是一致的，但是地球围绕太阳公转的轨道却并不是圆形的。所以，地球围绕太阳公转的轨道是一个接近于圆形的椭圆形。也就是说，地球在围绕太阳公转的一周中是有近日点和远日点的。这也造成了地球在四季交替中，还有一些比较细微的变化。

美国西岸此时已是晚上9时。

关键词：赤道

赤道是南北半球的分界线。赤道地区全年的日照量几乎没有差别，因此这里没有明显的四季之分，全年的气候几乎是一样的。

地轴倾斜23° 26'。

美国东岸比西岸早3个小时，是傍晚6时。

欧洲此时已经是晚上11时了，大多数人已经休息了。

赤道

北半球的欧洲人堆起雪人时，南半球正是夏天，到处郁郁葱葱。

海洋的美丽运动——洋流

地球上的海洋从来都不平静，不仅海面上波涛不断，在海底的深处，海水也在缓慢地运动，形成洋流。洋流的形式多种多样，风力是形成洋流的主要原因，此外还有海陆分布，海底起伏等。四大洋中的寒流和暖流如同在巨大的传送带上，不断运动。

格陵兰岛

北美洲

表层洋流向西挺进，绕过非洲南部，流入大西洋。在那里，表层的海水向北流动，而深处的寒流则向南流动。最后，表层海水到达北方，完成了旅程。

在**北大西洋**，海水非常寒冷，有些海水甚至会结成冰。这使得没有结冰的海水变得极其咸且又冷又重，最终沉入海洋最深处。

北大西洋

下沉的寒冷咸水沿着海底**向南渗透**，沿着大西洋一直爬行到世界的最南端。

南美洲

南大西洋

洋流需要1000年或更长时间才能完成一趟旅程，所以对于刚刚回到格陵兰岛的海水而言，它们史诗般的旅程可能从维京人的时代就开始了，而且所涉及的水量多得惊人。

太平洋和印度洋温暖的表层海水在印度的**南边汇合**。尽管表层的海水向西流动，但在海底深处，寒冷而密集的深层水流仍然向东流动。

巨大的循环

深海中的海水慢速传送带是由海水的密度差异导致的。在风的驱动下，表层的海水流动得更快。于是，海面上产生了巨大的叫作环流的圆圈。在北半球，它们按顺时针方向运动；在南半球，则按逆时针方向运动。

经过向北流向的热带旅程，海水被稀释，变得不再那么咸，也没有那么冷了。海水浮上海面，产生**巨大的洋流**，流回西方。

北美洲

印度洋

太平洋

澳大利亚

到达**南极洲**后，**寒冷的海水**向东流动，然后分成两股。

暖锋与冷锋

北极上空整年都有一团冷空气，极地的冷空气向南移动，与来自热带的气团相遇，形成一个被叫作极锋的界线。冬季风暴在这里形成，带来了狂风暴雨。

形成低压

寒冷沉重的气团将来自热带的温暖气团拾起并推向前，在极锋形成一个较低压的模型倾斜面。因为这里气压降低了，上升的空气积累了雨云，并吸入强风，这时就会启动一场旋转风暴。

风暴来临的第一个迹象是出现位于**暖锋前沿**的小卷云。

双重打击

西风将风暴吹向东方时，会带来暴风雨天气。由于暖空气在冷空气上方，我们首先遇到暖锋。当冷空气的前端进入到暖空气的下方时，我们会遇到冷锋。

◎ 关键词：极锋

通俗地说，是在极地附近形成的"锋"。科学地说，是极地冷锋与西风（暖）相汇所形成的副极地低气压，因在极地附近形成，所以被称为极锋。

冷锋持续时间短，很快就会过去。雨停了，风息了，空气清澈且寒冷，几朵蓬松的积云掠过天空。

高层云和厚厚的**雨层云**让天空变得昏暗起来，很快就下起了毛毛雨。当暖锋过境时，降水可持续几个小时。

9

水是我们每天的必需品，只要条件允许，人一天都离不开水。很久以前，地球上就有了水，可没有人知道水是如何出现的。但是今天，不管是海洋深处的水还是水龙头里的水，都是那些古老的水，它在被反复使用。

看不见的水蒸气：
当空气中充满被蒸发的水时，人们会感觉十分潮湿。

地球上绝大多数的水都在**海洋**里，并且大部分已经在那里流动了数十亿年。

世界上雨最多的地方

世界上雨最多的地方在夏威夷群岛的威尔里尔和印度的乞拉朋齐。威尔里尔一年中居然有将近350天都在下雨。而乞拉朋齐于1960年8月—1961年7月创下了2.6万多毫米的最高降水纪录。

冰川和冰盖

当空气特别寒冷时，天空中落下雪来。雪堆积后变成冰川和冰盖中的冰。融化后再将水归还给大海。

温暖潮湿的空气在上升的过程中会**冷却**下来，凝结成细微的水滴。

水滴聚集在一起，变得越来越大。很快，水滴变得又大又重，再也不能浮在空中了。

雨水落在地上，沿着山坡向下流动。雨滴汇合形成溪流，溪流汇合再形成河流，河流则将水送回海洋。

一些水会**渗入地下**，被植物的根部吸收，又或者，它会涓涓地流过地面，和下游的溪流合并。

11

青藏地区

说起青藏地区，你一定首先想到了布达拉宫。其实青藏地区不只有布达拉宫，还有色彩艳丽的碉楼、总是传出诵经声的寺庙、跳着锅庄舞的乐观藏民……青藏高原被称为世界的第三极，独特的地理环境，塑造了独特的人文风情。碉楼是一种特殊的民居建筑，它是在寒冷、干燥的青藏高原上，由藏民们用石头垒砌成的。

碉楼的外墙厚实，窗户很小，形状很像碉堡，住在里面冬暖夏凉。

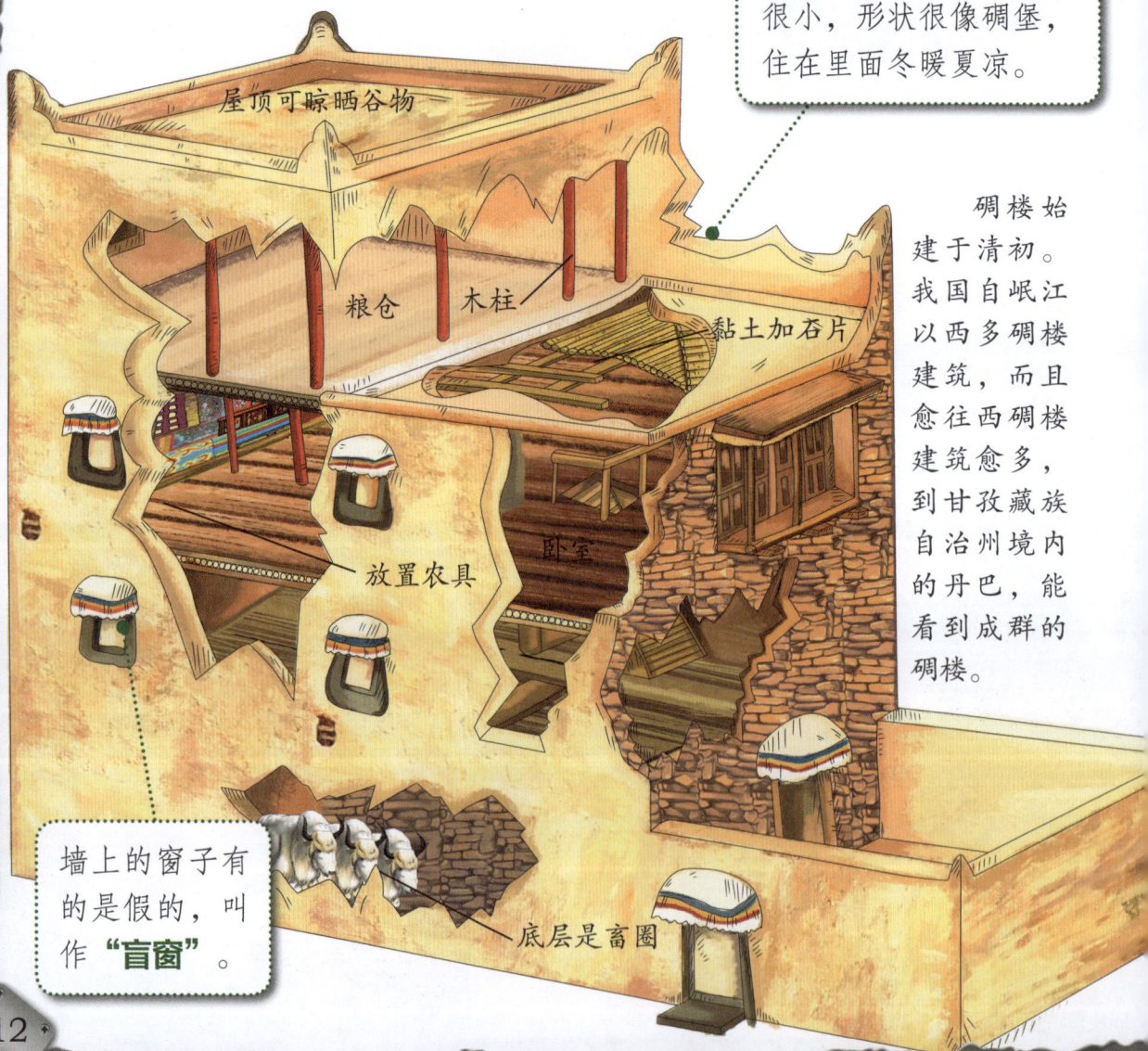

屋顶可晾晒谷物

粮仓　木柱

黏土加石片

放置农具

卧室

碉楼始建于清初。我国自岷江以西多碉楼建筑，而且愈往西碉楼建筑愈多，到甘孜藏族自治州境内的丹巴，能看到成群的碉楼。

墙上的窗子有的是假的，叫作"**盲窗**"。

底层是畜圈

> **甘孜境内**的**高碉**历史可以追溯到后汉时期，在甘孜境内的古代高碉遗迹，可以分为丹巴、康定、道孚、雅江、九龙等县的石砌高碉和新龙、乡城、巴塘等县的夯土高碉。

藏民居艺术博物馆

四川省甘孜藏族自治州的道孚县被称为藏民居艺术博物馆。这里的房子基本是木石结构，即下层用石头筑造，上层为全木结构，横截面看着似乎是个梯形，底部要大于顶部，外墙向内收缩，但内壁仍然是垂直的。

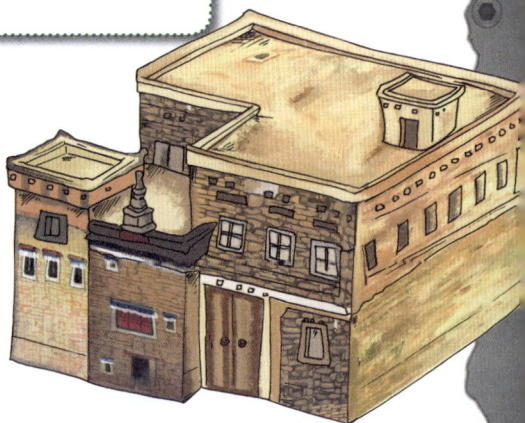

布达拉宫

布达拉宫是西藏最庞大、最完整的古代宫堡建筑群，也是世界上海拔最高，集宫殿、城堡和寺院于一体的宏伟建筑。布达拉宫是西藏乃至整个青藏高原的标志，坐落于西藏首府拉萨市的西北郊区玛布日山上，由红宫和白宫组成，建筑总面积约13万平方米，主楼高约117米，一共13层。目前游客能够参观的是9~13层，1~8层属于地基。

日本和韩国

日本、韩国与中国同属东亚，人文风情方面有很多相似之处，但因为地域问题又有很多的不同。在中国历史上，韩国和我们联系密切。而日本从汉唐时期就与中国有文化交流，从现在日本的文字不难看出，日本受中国影响颇深。

日本兵库县西南方的播磨平原上矗立着一座既优雅又壮观的纯白色城堡，它就是被誉为"日本第一名城"的**姬路城**。

忍者武艺高强，有些类似现代的间谍，专门从事一些刺探、破坏的工作。

武士在日本历史上的地位非常重要。在混乱的日本战国时代，很多地方的庄园慢慢壮大，庄园主需要武士来保护庄园。

日本武士

跆拳道

跆拳道是流行于朝鲜半岛的一种格斗术，它主要以腿为主攻击，手起到辅助作用，既具有很好的防身作用，又有很强的观赏性。跆拳道以腰带的颜色来区分级别，最低的是白色腰带，它代表空白，没有任何跆拳道知识和基础，一切需要从零开始。随着级别的提升，白带变为黄带、绿带、蓝带、红带等，最后经过长期艰苦的磨炼，变为黑带。如果你看到一个扎着黑带的跆拳道手，可不要惹他哦，他可是个跆拳道高手呢！

日本和服

和服是日本的传统服饰，从制作到穿着都非常讲究。女式和服色彩缤纷、款式多样，有刺绣和绘画；而男士和服色彩比较单调、款式较少。

穿着和服时一定要穿木屐，套白色布袜。而且根据和服种类的不同，还要搭配不同的发型和发饰。

韩国服饰从古代演变到现代，主要受到汉族服饰和蒙古服饰的影响。韩服给我们最大的印象是，上身的衣服很短，仅仅到胸部，短衣服以下全是裙子，给人感觉上短下长，上薄下厚，上窄下宽，样式像金字塔一样。这种短上衣叫作**"赤古里"**，男式的赤古里线条粗，平坦简洁，女式的比较华丽。

板块运动

随着地球温度不断下降，地球最外面的外壳在温度和地下运动的岩浆等的作用下，裂成了几大块，这些裂开后的一块块外壳被称为大陆板块，大陆板块缓慢地分开或相互挤压，创造出新的海洋或挤掉老的海洋。自从地壳形成以来，大陆板块一直在全球移动，当一个大陆板块和另一个大陆板块碰撞或者发生"刮蹭"时，就有可能引起火山喷发或地震。

我们通过测量岩石磁极指向的变化，可以跟踪研究大陆的移动。

◎ 关键词：板块

板块的概念是在板块构造学说中提出的。

大约2亿年前，大陆还是一个整体，到处长着舌羊齿类植物，那时的大陆叫作**盘古大陆**。

澳大利亚的远古动物**针鼹鼠**和**鸭嘴兽**的化石在遥远的**南美大陆**也有发现。

16

在海洋下，板块之间的裂缝如果被拉断，海床上会形成一个巨大的**海岭**；如果这种情况发生在陆地上，就会产生**裂谷**。两个板块相互叠在一起，互相挤压时，较轻的板块会"骑"在较重的板块之上。板块边缘相互摩擦，会引发强烈的**地震**。

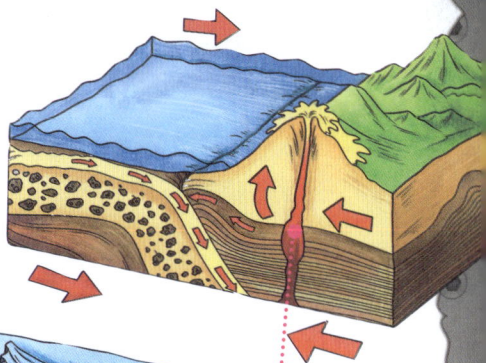

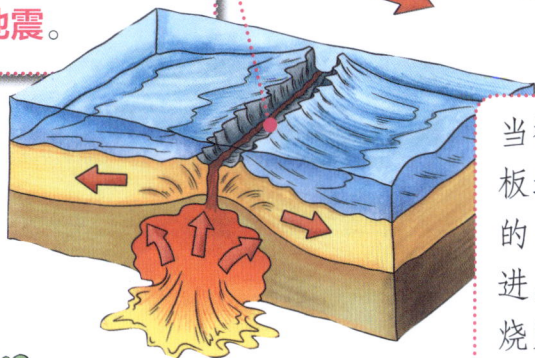

在一些被称为**转换断层**的地方，板块既不会碰撞在一起，也不会被拉开。

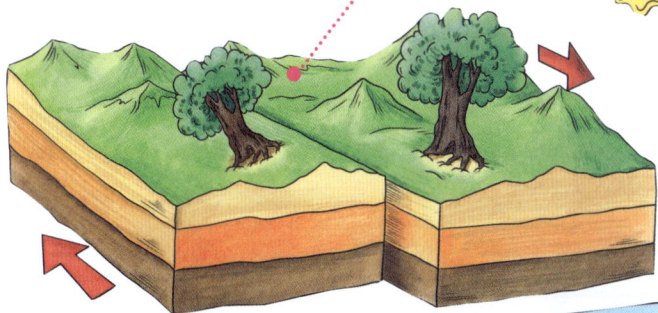

当被挤压在下方的板块融化时，炽热的岩浆会向上推进，把上面的板块烧穿，涌到地面，形成**火山**，在地表**喷发**。

海洋的分层

根据光照程度，海洋可以分为三层：光照充足的上层水团，昏暗的中层水团和漆黑的深层水团。在海洋中，水深、温度和光照是决定海洋不同区域有机物和物种数量的三大因素。海洋生物大部分生活在海床附近，其范围包括从海岸向外延伸至最深海沟的狭长地带；生活在外海的生物，很少造访海床。科学家们估计，海洋中至少生活着约20万种不同种类的海洋生物。

光照带在海面至水下约200米深度的区域。

中层带在水下200~1000米左右深度的区域。

深层带在水下约1000米以下。

深海平原

海域分布

最温暖的海域位于热带地区，最寒冷的海域则在两极附近，温带海域的水面温度介于这两者之间。水温的高低直接影响了生活在这片海域的生物类型。

温带海域

热带海域

温带海域

寒带海域

温带海域

热带海域

温带海域

寒带海域

海岸

大陆架

适合海洋生物居住的近海

近海是最适合海洋生物生活的地方，在常年可以得到阳光照射的温暖水域中，植物和动物茁壮生长。海面上，浮游生物制造养分，小鱼和小虾以浮游生物为食。小鱼和小虾被较大的鱼类吃掉，而后者又会成为大型海洋生物的食物。这就形成了一个食物链，每个动物群落都是这个食物链中的重要一环。

大陆坡

◎ 关键词：海域

海域是"海的区域"的简称，指包括水上、水下在内的一定海洋区域。

19

河流是怎样流动的

"君不见，黄河之水天上来，奔流到海不复回。"真的是这样吗？河流的形成大多数与地下水有关。当地下水聚集到足够多的时候，会从泥土表面溢出，形成泉水。倾泻而出的泉水形成了很多浅而细小的溪流，许多这样的溪流汇集到一起，就形成了河流。

◎ 关键词：冲积平原

冲积平原是一种由于河流沉积作用而形成的地貌。冲积平原多出现于河流入海口处。

河流会不断改变河道

河流的上游源头在小山岗或高山上，那里河道窄，水流速度很快，当河流经过较为平坦的地面时逐渐变宽，流速也减慢，形成一个个叫作河曲的回路，这些河曲有可能会分离，出来形成牛轭湖，河口就是河流汇入大海的地方。

如无意外，河水最终会**流入海洋**。

河流在水平地面上**蜿蜒流动**。

陆地在这里几乎变平，叫作冲积平原。

河流的演变过程

河流演变具有一定的规律。从地质年代讲，每条河流都将经历生长、发育和衰亡的演变过程。河流的水循环规律取决于大气环流机制和地球的下垫面，二者的任何改变都将深刻影响河流水文循环的路径和过程。

大气的垂直分层

厚厚的大气层并不是完全统一的，它在垂直方向分成了许多层。大气层的每一层都有其特点和独特的作用——臭氧浓度较高的平流层，产生雨雪天气的对流层，介于地球大气层与外太空的散逸层，能出现强对流运动的中间层，吸收短波紫外线的暖层……我们去沉浸式地认识一下它们吧！

散逸层

暖层

中间层

平流层（包含臭氧层）

对流层

民航客机一般在**平流层**和**对流层**上部飞行。

积雨云中有大量的雨滴和电荷。当带有足够多不同电荷的云之间相互摩擦、碰撞时，就会出现雷和闪电。无论是雷电，还是雨雪都产生于**对流层**。

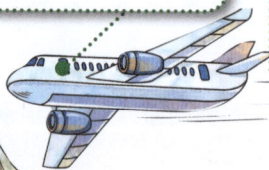

○ 关键词：大气垂直分层

大气的垂直分层，是相对于地表的垂直分层，其主要分层依据是气温。科学家们根据气温的垂直分布、大气扰动程度、电离现象等特征，将大气分为5层。

氧化层

水蒸气

煤灰、废气

臭氧

空气成分

尘埃微粒、
花粉、盐的结晶

大气

　　大气里的一切变化都发生在地球上空约18千米以内的对流层中。云、风和雨的形成只在对流层发生，对流层以上的一层叫作平流层，那里很少会有天气变化。大气层随着海拔升高而变得稀薄，地球表面以外约100千米的高空，空气也没有了。

　　空气发生流动就形成了**风**。风力多变，刚刚还轻风拂面，转瞬之间就会变得狂风大作。我们日常感受到的风大多只是对流层的空气运动造成的。

温室效应

地球在形成过程中，自然形成的温室效应，对地表温度的保持起到了关键性作用。之所以被称为温室效应，是因为其过程和效果与玻璃温室非常类似：阳光穿透温室玻璃后，热量被留在了温室内。只是在自然界的温室效应中，大气中的某些气体代替了玻璃。

大气中参与温室效应的气体

大气中参与温室效应的气体有：二氧化碳、甲烷、一氧化二氮等。随着人类工业脚步的迈进，工厂、发电站以及交通运输系统也会释放出大量的温室气体，化石燃料燃烧所产生的二氧化碳和来自于天然气、垃圾堆以及畜牧业的甲烷，占人类活动额外释放温室气体的70%左右。二氧化碳可以在大气中存留约200年左右，而甲烷可存留约12年左右。

温室气体总量百分比

地球大气中的温室气体包括：二氧化碳、水蒸气、甲烷和大部分制冷剂等。

一氧化二氮5%　　甲烷17%

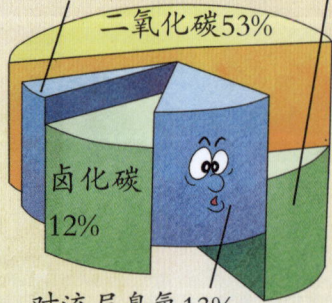

二氧化碳53%

卤化碳12%

对流层臭氧13%

○ 关键词：温室气体

大气中的某些气体能够吸收地表反射的太阳辐射，并且将这些太阳辐射重新发射出去，这些气体被称为温室气体。

一部分太阳的能量被地表**反射**回大气中。

紫色区域显示，在南极上空的平流层中，臭氧层正变得越来越稀薄。臭氧层的变薄意味着到达地球的紫外线会更多。

冰面所反射的能量比其他地球表面的更多。

大气中的温室气体层会捕获能量和热量，再将其反射回地面。

陆地和海洋被太阳光照射后，会吸收一部分热量，在地表空气温度低于陆地和海洋的温度时，它们会向大气中释放热量。

25

为什么会产生酸雨呢？酸雨的形成主要是因为二氧化硫和二氧化氮在大气中与水发生反应，成为对土地和一些生物有害的硫酸和硝酸。这些有害物质被雨水挟带，自天而降，落在陆地上和江河里。虽然一场骤雨只含有微量酸，但聚积起来就能危害地球。

植物特别容易受到酸雨伤害。酸能灼伤植物叶子，使养料直接从植物中流失。酸雨降落后，植物将从土壤中吸收碱性化合物，用以中和有害的酸性。这使植物根部的土壤里含有更多的酸，从而进一步伤害植物。

酸性物质

中性物质

酸雨里的酸聚积在**土壤**里时，就会出现有害的化学反应。有些反应能消除土壤中植物所需要的营养，有些会释放出通常藏在土壤颗粒中的有毒化合物，危害动植物。

中和酸性物质

仅仅在美国，每年喷出的二氧化硫和二氧化氮就有很多。为了中和酸，科学家把碱性物质，如煤灰（煤燃烧后剩下的残渣）撒到陆地上与河里。只有在碱与酸取得平衡时才能产生中性的环境。

中和酸雨：对抗酸雨的一个办法是在受害地区喷洒碱性物质。煤灰属碱性，能暂时中和聚积在湖泊与土壤里的酸。

增加足够的碱性物质，就能中和多余的酸，使土壤或水接近中性。

这些**有害物质**是燃料燃烧和工业燃烧的副产品，例如煤和石油含硫，硫燃烧时与氧发生反应成为二氧化硫。

碱性物质

科学早知道

物理

冰河 编著

中国和平出版社
China Peace Publishing House
北京

图书在版编目（CIP）数据

科学早知道. 物理 / 冰河编著. —— 北京 :中国和平出版社, 2024.4（2024.7重印）

ISBN 978-7-5137-2766-2

Ⅰ.①科… Ⅱ.①冰… Ⅲ.①科学知识—少儿读物②物理—少儿读物 Ⅳ.①Z228.1②O4-49

中国国家版本馆CIP数据核字(2024)第063768号

科学早知道　物理
KEXUE ZAO ZHIDAO WULI

冰河　编著

责任编辑	张春杰
插图绘画	百闻文化
设计制作	张　昕
责任印务	魏国荣
出版发行	中国和平出版社（北京市海淀区花园路甲13号院7号楼10层　100088）
网　　址	www.hpbook.com　bookhp@163.com
出 版 人	林　云
经　　销	全国各地书店
印　　刷	鸿博睿特（天津）印刷科技有限公司
开　　本	889mm×1194mm　1/16
印　　张	8
字　　数	80千字
印　　量	40001~60000册
版　　次	2024年4月第1版　2024年7月第4次印刷
书　　号	ISBN 978-7-5137-2766-2
定　　价	100.00元（全4册）

目　录

物理，会不会让你感到冷冰冰的？那些枯燥难懂的知识点，一点儿都不好玩，你是不是都懒得理它们？这本书里，不仅有生动易懂的文字，还有一幅幅精美细腻的插图。精细的内部示意图和夸张的绘画造型巧妙地结合，使孩子们在不知不觉中就能掌握生活中的各种物理原理。

一起来了解有趣的物理知识吧！

刻度盘

秤盘

中心轴

天平上被称的物体和砝码离支点的距离相同。

各种各样的秤

天平也是秤的一种，最早是由法国数学家罗贝瓦勒在1669年发明出来的。天平属于第一类杠杆，因为两个秤盘的中心离转轴中心的距离是相同的，所以当一个秤盘上的重量和另一个秤盘上的重量相等时就能达到平衡了。

支点

负载

作用力

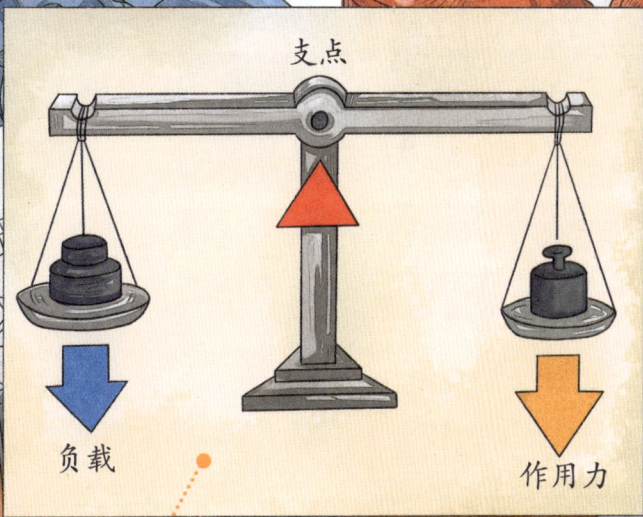

天平是用来称物体重量的工具，被称的物体称为负载，砝码就是作用力。当它们相等时，就可以得出所称物体的重量了。

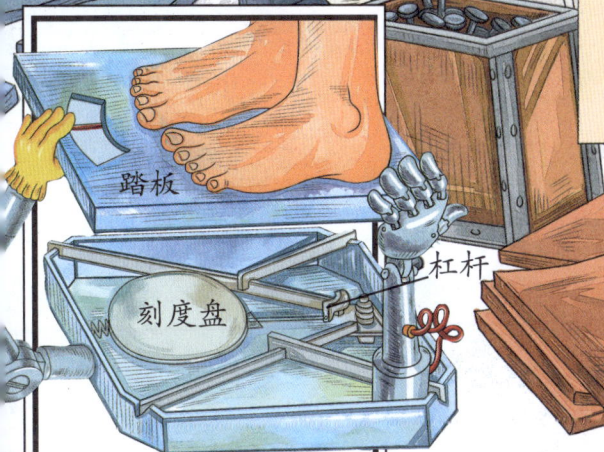

踏板

刻度盘

杠杆

浴室秤

当你踏上浴室秤的踏板时，浴室秤的内部杠杆结构把秤上的微小动作放大，让刻度盘充分转动，最终当它停下时，所指的刻度就是你的体重。踏板下有一个强力主弹簧，主弹簧连接着一个曲柄，这个曲柄结构就属于第一类杠杆。

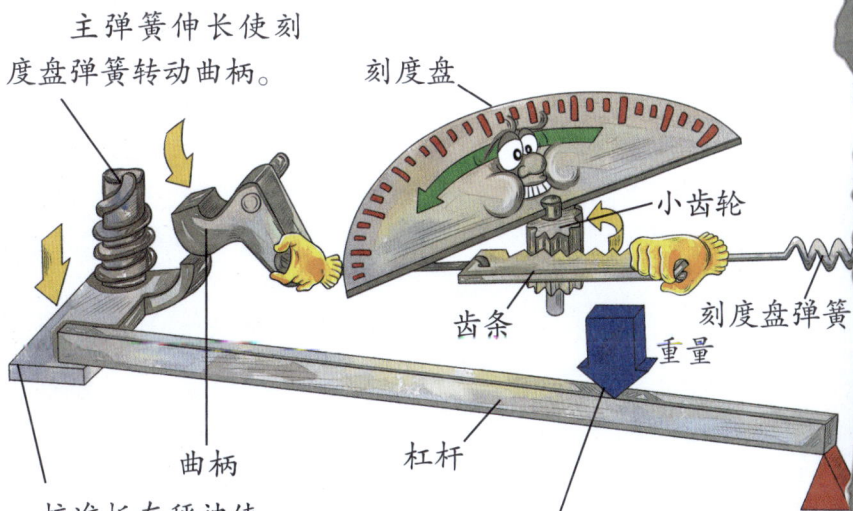

主弹簧伸长使刻度盘弹簧转动曲柄。

刻度盘

小齿轮

齿条

刻度盘弹簧

重量

曲柄

杠杆

校准板在秤被使用的时候向下推，拉长主弹簧。

重量将杠杆系统向下压，这些杠杆一起将作用力传到校准板上。

转动的水车

今天我们讲讲轮子和轴做成的各种各样的机械吧。很早以前，人们就将轮轴用于水车。咕噜噜转动的水车可是个大块头。它是以水流作为动力的机械，不仅可以带动石磨磨制粮食，还可以利用外圈挂着篮子的大轮子，将水从河里提上来灌溉农田。

很久以前的古希腊，人们制造了世界上**最早的水车**。最开始，水车的水轮平放着转动，像一个磨面的磨盘。后来经过改进，它的水轮被竖立起来，这样竖立的水轮可以做成更大的尺寸，就可以产生更大的动力来工作了。

水车的大轮子转啊转，带动磨盘来磨面。

轮轴是由轮子和一根同心轴构成的，这两部分会以相同的速度转动，轮子转动带动水车运转，需要的力气会很小。

水车是靠流动的水来提供动力的机械，水推动轮子转动，轮子中心的轴也跟着转动，轮子越大，水流带来的动力越大，水车的工作效率越高。

轴提供了动力，带动了水车内部齿轮的转动，从而带动里面的机械设备。

风车王国

濒临大西洋的荷兰，是个风车的王国。这里盛行的西风给风车提供了源源不断的动力。早在几百年以前，荷兰就有上万台风车。人们利用风车给世界各地加工原料，把圆木锯成木板，加工纸张，榨取亚麻籽等。荷兰地势低洼，人们就靠风车抽水，围海造陆地，变沧海为桑田。

水车轮转动带动了轴的转动。

5

我们的城市在建造地铁时会用到一个巨大的机械——隧道挖掘机。隧道挖掘机可以通过土壤和软质岩石，挖掘出深深的隧道。巨大的切割头上面有很多负责切削的刀片，当隧道挖掘机向前推进时，它后面的盾构机会填入水泥套筒加固，防止坍塌。切割头旋转挖出的废土会由螺旋钻输送出去。

隧道挖掘机像个大圆柱体。它不但能对刚挖的隧洞起到很好的支撑作用，还能承受地下水的压力。

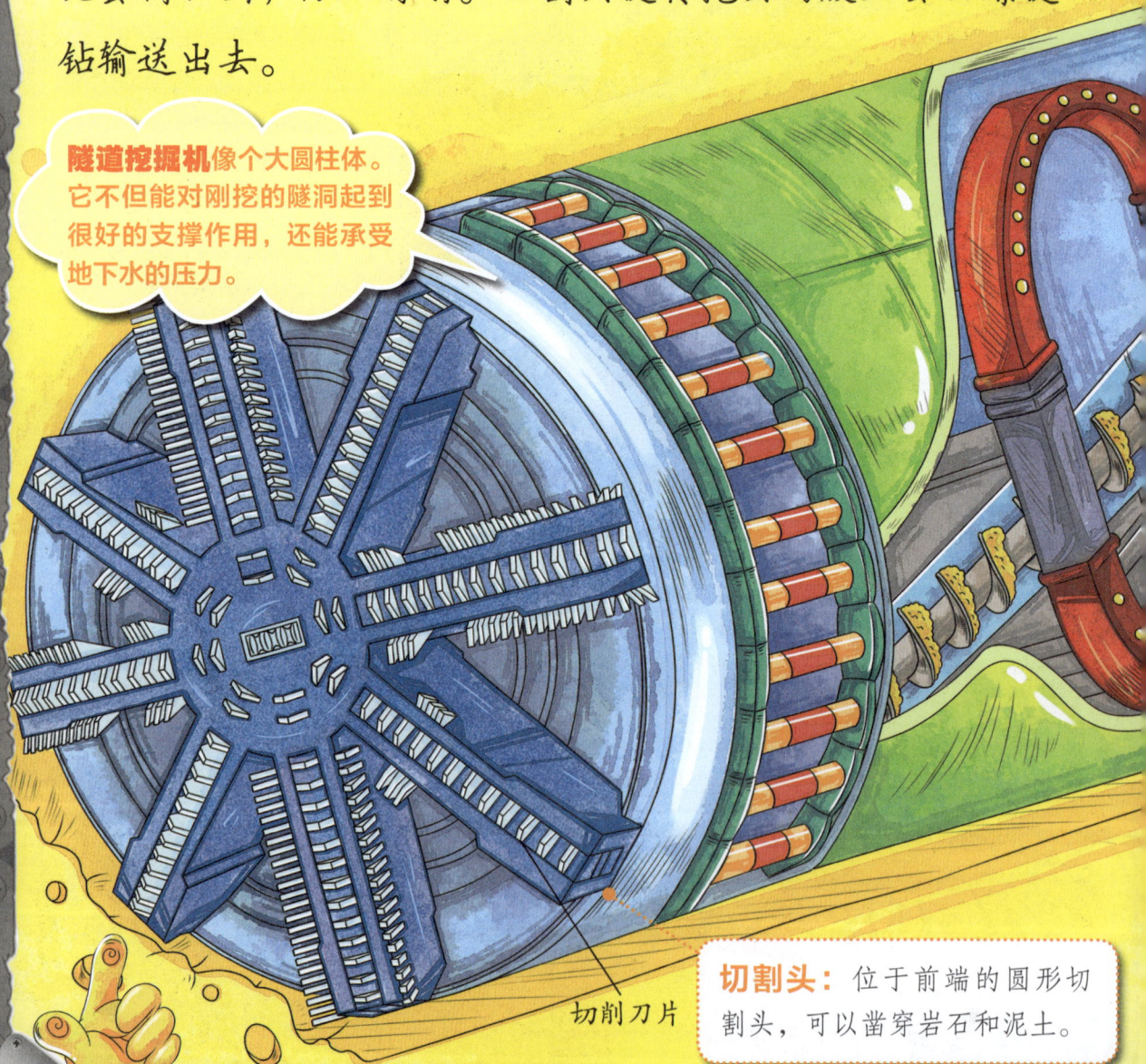

切削刀片

切割头： 位于前端的圆形切割头，可以凿穿岩石和泥土。

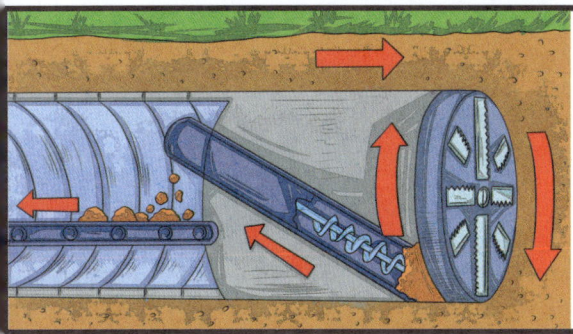

切割头凿下来的碎石和泥土，会由输送带送到机器后方的车厢。如果挖到渗水的地层，就必须用泵把泥浆送出隧道。

隧道挖掘机是全自动的，但也需要工作人员辅助操控。

隧道形状的水泥衬层环

废土、碎石传送带

液压臂

水泥制的衬层块会由输送带运送到液压臂前，液压臂每小时可以安置两段由衬层块组合而成的衬层环。

在隧道挖掘机还没发明之前，挖掘隧道只能使用简单的工具和炸药。19世纪人们开挖第一条铁路隧道时，很多工作人员在坍塌的落石中丧生。

切割头前进时，液压臂会举起衬层块，形成衬层环，防止隧道倒塌和渗水。

无处不在的斜面

一个斜坡其实就是一种简单的机械。它之所以叫斜面，是因为它是由平面倾斜成一定角度形成的，所以斜面的一端会比另一端高一些。如果你搬运重物遇到困难，不要急，你可以让斜面来帮忙，它能让你把物体沿着斜坡渐渐地向上推，直到你想要的高度。这样，我们就会节省很多力气。

螺丝钉也应用到了斜面。让我们仔细观察它上面小小的螺纹。

把物体沿着斜坡逐渐向上推，比举起物体要省很多力气。

建筑工地里有好多地方都利用了斜面，例如用木板搭成的方便运送建筑材料的坡道，还有供人上下的木梯。

为什么上山的公路都是弯弯曲曲的？

坡度越小，上坡就越省力，但是所走的路线就会拉长。这就是为什么上山的公路是蜿蜒曲折的，而不是直线到达山顶的原因。汽车上坡时会加剧能量的消耗，如果坡度变小则可以减少能量的消耗，这样也利于汽车的安全驾驶。在楼房里，人们一般都建造带有一定坡度的楼梯而不是直梯，也是同样的道理。

什么是浮力？

　　大象要到河的对岸，它怎样才能渡过深深的河水呢？它找来一块大大的木筏，坐在上面准备过河。可木筏刚离开河岸就开始下沉，吓得大象赶忙回到岸上。怎么办呢？大象又找来木板钉在木筏的四周，木筏变成了一只大木船。看！大象正稳稳地坐着大木船过河呢！大家想一想，这究竟是怎么回事？

　　木筏很重，虽然沉浸在河水中，但是水向上的作用力撑住了它，这种作用力就是**浮力**。浮力的大小等于木筏排开水的重量。

　　开始时，大象坐在木筏上，重量增加导致木筏浸入水中的程度变深了，虽然**浮力**也会跟着增大，但却不能够承受住木筏和大象的**重量**，因为**排开的水太少**，导致木筏和大象会沉入河底。

排开的水

木筏

重量

浮力

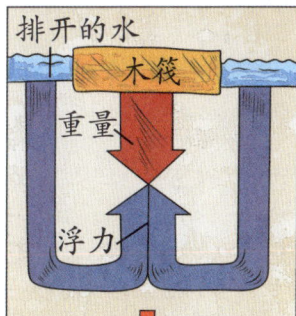

当木筏的重量等于它排开水产生的浮力时，木筏便会浮在水面上。

当木筏和大象的总重量超过它们排开的水产生的浮力时，木筏就会沉下去。

木船可以排开更多的水，产生的浮力就会变大，可以承受木船和大象的总重量，于是木船就会浮在水面上。

比重

为什么很重的钢铁轮船能浮在水面，而一根很轻的钢针就会沉下去呢？这是比重的缘故。钢铁轮船看上去很重，但它的总比重（它的总重量除以总体积）比水的比重小，就能浮在水面。而钢针则与之相反，所以会沉下去。

用木板围住木筏，使它变成了**木船**，船的内部是**中空**的，浸入河水就会变深，排开的水也更多，得到的**浮力**就可以托起木船和大象的重量了。

潜水艇

潜水艇像个大大的海豚，既能沉入深海，又能浮在海面。它能够在海里沉浮的秘密是什么呢？潜水艇通常有两层壳体，内壳厚厚的，能承受很强的水压；外壳呈流线型，可以减少水的阻力。内外壳之间，有个压载水舱，可以通过注水和排水来改变自身的重量。这样，潜水艇就可以自由地在海里沉浮了。

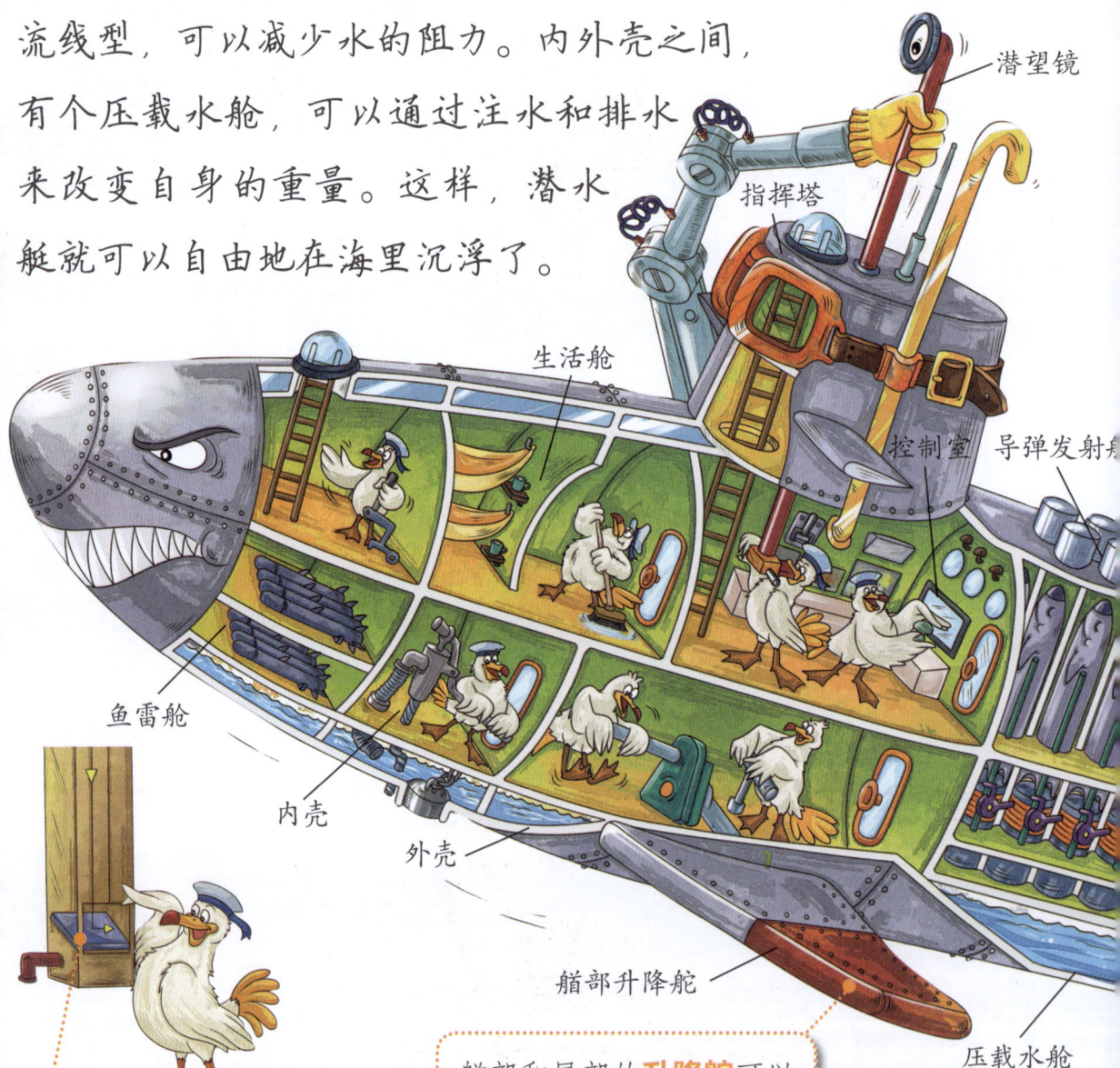

潜望镜

指挥塔

生活舱

控制室　导弹发射舱

鱼雷舱

内壳

外壳

艏部升降舵

压载水舱

长长的**潜望镜**可以让船员看到指挥塔上的外部情况。

艏部和尾部的**升降舵**可以像鱼鳍一样上下倾斜，负责控制潜水艇在水中上浮或下潜的方向。

压载水舱　外壳　内壳　排出空气　压入空气　注入的水　排出的水

潜水艇是怎样工作的?

①压载水舱空了的时候，潜水艇浮在水面上。

②压载水舱注入水，控制升降舵，艇身下沉。

③在压缩空气的帮助下，水排出了压载水舱，控制升降舵，艇身上浮。

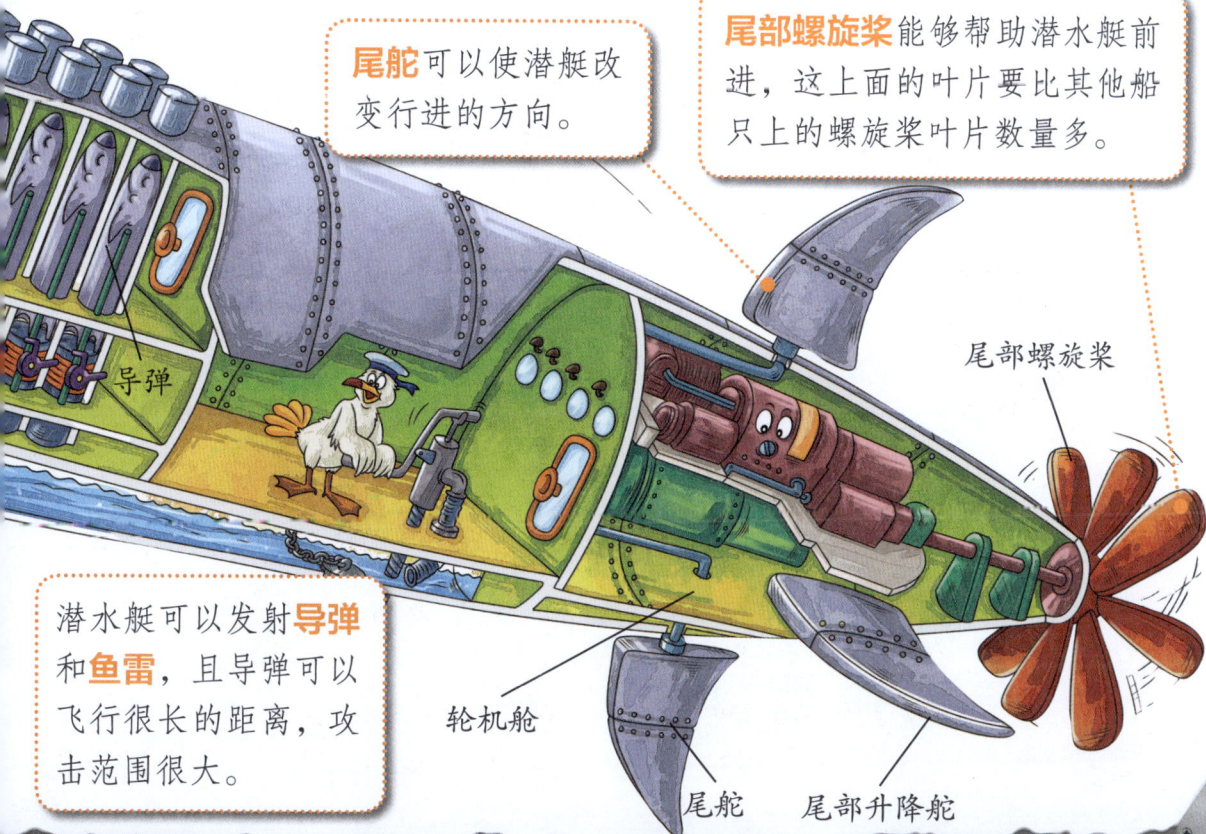

尾舵可以使潜艇改变行进的方向。

尾部螺旋桨能够帮助潜水艇前进，这上面的叶片要比其他船只上的螺旋桨叶片数量多。

导弹

尾部螺旋桨

潜水艇可以发射**导弹**和**鱼雷**，且导弹可以飞行很长的距离，攻击范围很大。

轮机舱

尾舵　尾部升降舵

光的知识

　　我们和光线一起去旅行吧，看看会发生什么！光线沿着直线传播，穿过了透明的玻璃，当遇到不透明的物体时，光线被反射了回来，物体留下了影子。光线继续往前走，遇到了三棱镜，并发生了折射，光线变成了7种颜色。下雨了，光线在空中遇到了小水滴，每个小水滴好像一个三棱镜，光线又被分解成了7种颜色，天空中便出现了彩虹。

光源所发出的光线是向四周发散的，当光线遇到物体时会被反射回来。当一个物体反射的光线进入我们的眼睛时，我们就能看到该物体了。

物体看起来是**白色**的那是因为它**反射**了所有颜色的**光线**。当物体不反射光线时，它看起来就是**黑色**的。

来自物体的光线经过眼睛时，透过角膜，通过瞳孔，被晶状体折射后在视网膜上形成影像，影像在视神经作用下转变为神经脉冲，传送到大脑的视觉中枢形成视觉。

凸透镜

其实视网膜上的影像是倒立的，经过大脑的"翻译"才能变成正立。

凸透镜具有汇聚光线的作用，物体各处发散光线通过凸透镜被汇聚在一个平面上，形成倒立的影像。

温度计

悉氏温度计和普通温度计是有区别的！

你了解热胀冷缩吗？温度计的细管中通常装着酒精或水银。当它受热时，体积膨胀，细管内的液面上升；受冷时，体积缩小，细管内的液面下降。下面，给大家介绍一种特殊的温度计——悉氏温度计，它可以同时记录两个极端温度值。

酒精

悉氏温度计也叫最高最低温度计。它能在测量时间内测出所达到的最高温度和最低温度，但不能记录确切的时间。

金属指示器

金属指示器有一个小弹簧，能防止指示器掉到管子下面。

U形管的两端含有酒精，中间是水银。高温时，最低刻度线上面的酒精球中的酒精会膨胀，把水银推到最高刻度上。金属指示器到达最高点以后就停在这里。

-20

-10

0

10

16

磁铁能将金属指示器吸回到水银表面，以便重新校正。

最低刻度线上面的酒精球中的酒精收缩，另一个球中的空气把水银推到最低刻度，将指示器移到该刻度上。

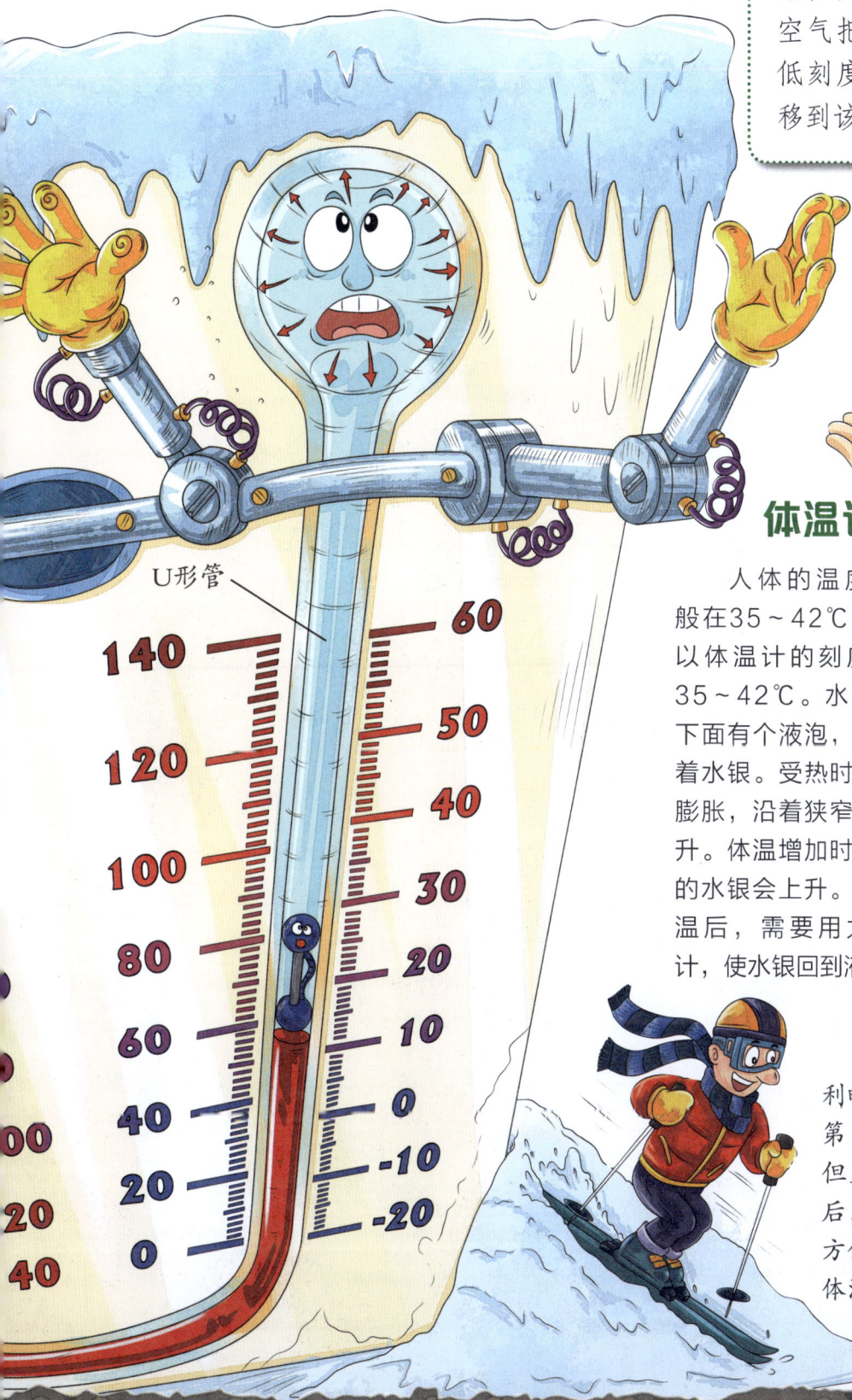

U形管

140
120
100
80
60
40
20
0

60
50
40
30
20
10
0
-10
-20

体温计

人体的温度变化一般在35～42℃之间，所以体温计的刻度通常是35～42℃。水银温度计下面有个液泡，里面储存着水银。受热时，水银会膨胀，沿着狭窄的细管上升。体温增加时，细管内的水银会上升。测量完体温后，需要用力甩体温计，使水银回到液泡里。

16世纪，伽利略发明了世界上第一个温度计，但是，直到300年后，才设计出使用方便、性能可靠的体温计。

天文望远镜

天文望远镜可以观察遥远的星空，它通常分为折射式天文望远镜和反射式天文望远镜。折射式天文望远镜和普通望远镜的原理相似，它有一个长长的圆筒，对着天空的口径很大，很适合观察太阳系内的天体。反射式天文望远镜像一个粗大的圆筒，更适合观察宇宙深处的天体。

地球会自转，观测星空时，天文望远镜的自动跟踪系统能够对行星进行自动跟踪。

反射式天文望远镜

绕水平轴转动

绕垂直轴转动

副镜

物镜

目镜

来自物体的光线

卡塞格林焦点

主镜

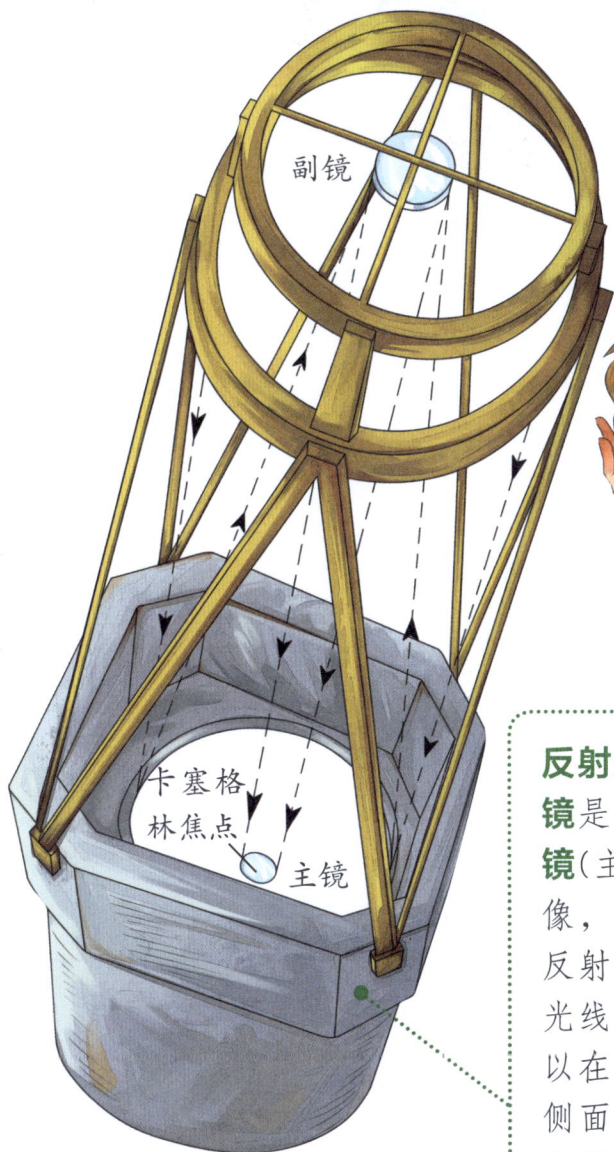

反射式天文望远镜

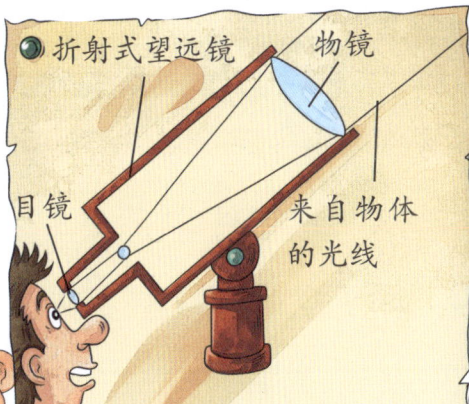

折射式天文望远镜是由一面物镜形成上下颠倒的实像，通常还可以用一个额外的凸透镜将实像反转为正立，再通过目镜来观察。

反射式天文望远镜是由一面**凹透镜**(主镜)形成实像，一个副镜来反射来自主镜的光线，如此便可以在主镜下面或侧面形成实像，人们可以通过目镜来观察。

反射式天文望远镜在天文观察中极其重要，因为主镜可以做得非常大，从而接收大量光线，使模糊不清的物体可以观察到。

电话

美国科学家贝尔出生于1847年，他从小就对科学有浓厚的兴趣。1875年的一天，贝尔和助手正在试验一种发报机，偶然间，贝尔发现一个现象：一根弹簧的振动可以通过电磁铁来传播，并发出细小的声音。原来，电流可以把振动传得很远。贝尔又经过不断地试验，不断研究，终于发明了电话。后来，科学家不断改进，发明了先进的碳粒话筒，为电话的发展打下基础。

振动膜

电磁铁

对着电话的话筒说话，声波会引起话筒中一个叫作横膜的金属薄片的振动。横膜的振动压迫它后面的一个充满碳粒的"小杯子"，使得碳粒的排列时松时紧。

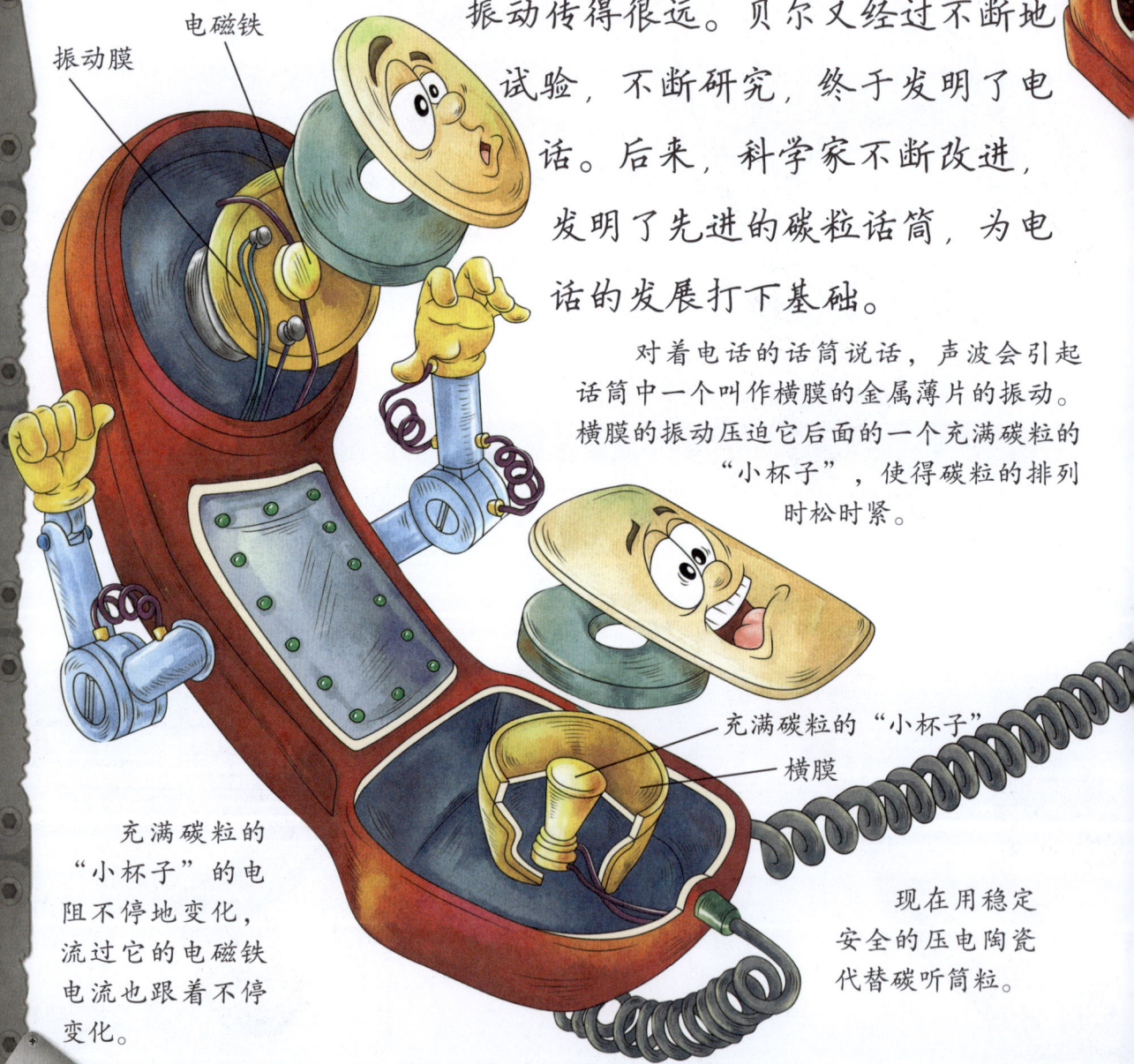

充满碳粒的"小杯子"

横膜

充满碳粒的"小杯子"的电阻不停地变化，流过它的电磁铁电流也跟着不停变化。

现在用稳定安全的压电陶瓷代替碳听筒粒。

听筒里的**电磁铁**在铁芯周围缠绕着许多圈导线，电话线中忽强忽弱的电流来到电磁铁中，产生变化的磁力，引起听筒中振动膜的振动。振动膜的振动与你的话音是一致的。接听者接收到的是一份你话音的复制。

拿起电话拨号的时候，电话里面的硅芯片电路把编码的脉冲发送到电话交换中心，由交换中心接通到你要联系的电话上。

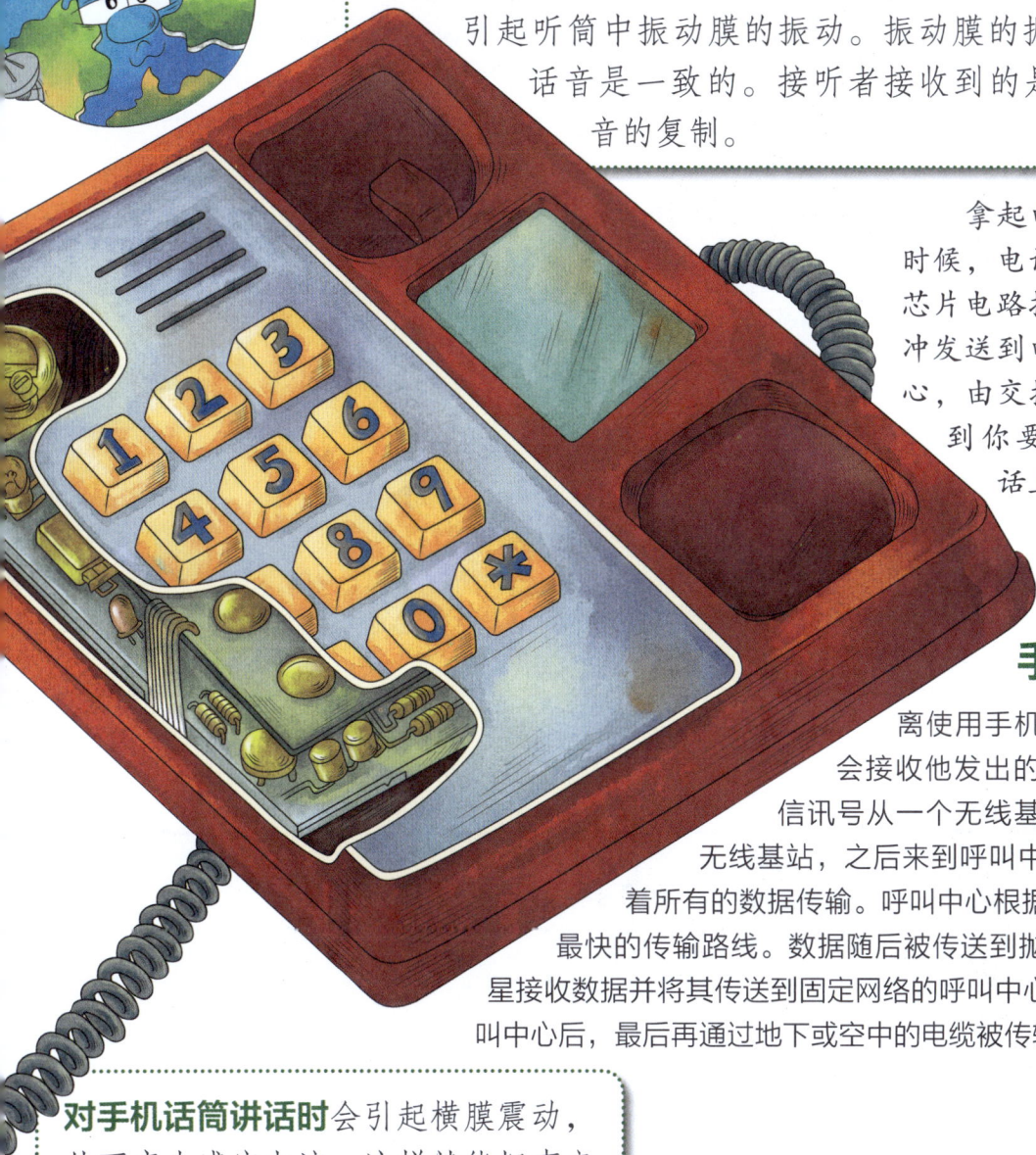

手机通信

离使用手机者最近的天线会接收他发出的数据信号。通信讯号从一个无线基站进入另一个无线基站，之后来到呼叫中心，那里管理着所有的数据传输。呼叫中心根据网络状况选择最快的传输路线。数据随后被传送到抛物面天线，卫星接收数据并将其传送到固定网络的呼叫中心。数据到达呼叫中心后，最后再通过地下或空中的电缆被传输到手机上。

对手机话筒讲话时会引起横膜震动，从而产生感应电流，这样就能把声音信号转化成电信号，电子元件再把这种电信号转化成0和1的编码。

调制器把这些信号频率传送给**天线**。天线发射数字信号，接收方的手机**天线**把数字信号传给手机的电子元件。扬声器的膜片会重现这些信号所代表的声音。

手机有了SIM卡才能使用运营商的通信网络，享受通信服务。

SIM卡

通信卫星

抛物面天线

呼叫中心

无线基站

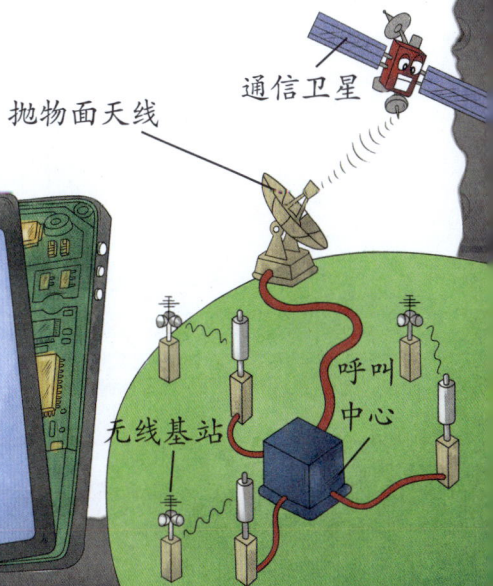

吹风机

你们想了解吹风机里面隐藏的小秘密吗？吹风机里有很长很长的电热丝，通电后，电热丝能瞬间产生大量的热。电热丝的后面有个小小的风扇，风扇会往外吹出热风，不一会儿，就能把湿漉漉的头发吹干。

热风

出风口

吹风机的妙用

我们知道，吹风机是用来吹干头发的。你们知道吹风机还有其他什么妙用吗？

在浴室洗澡时，浴室里的镜子上会有一层雾，这时，你用吹风机对着镜子吹一吹，镜子上的雾很快就不见了。寒冷的冬天，如果你的手、脚冻麻了，吹风机的热风会让你很舒服。

吹风机装有恒温器，当吹风机内部温度过高时，恒温器会自动切断电源，确保吹风机在正常的温度下工作。

风扇

风扇马达

电热丝

开关

恒温器

电热丝是由金属材料制成的，当有电流通过时，电阻丝就会烧红，产生热量，这时，风扇将电热丝发出的热吹出来，形成了热风。

电热丝后面有个**风扇**，这样就能吹出**热气流**。如果气流受阻，里面的空气过热，恒温器就会切断电源。

外壳对内部器件起到保护的作用。外壳有的是金属制成的，可以承受较高的温度，十分耐用；有的是塑料制成的，拿起来很轻，绝缘性能好，但是不耐高温。

飞出去的子弹

子弹由弹头、弹壳、发射火药和底火4个部分构成。子弹弹壳里的炸药叫发射火药，它的燃烧速度非常快，能瞬间产生大量的热量和气体，并向一个方向快速膨胀，使子弹的弹头脱离枪管飞速射出。弹壳底部的炸药叫底火，它是引爆火药，由枪膛里撞针撞击引爆，点燃弹壳内的发射火药。

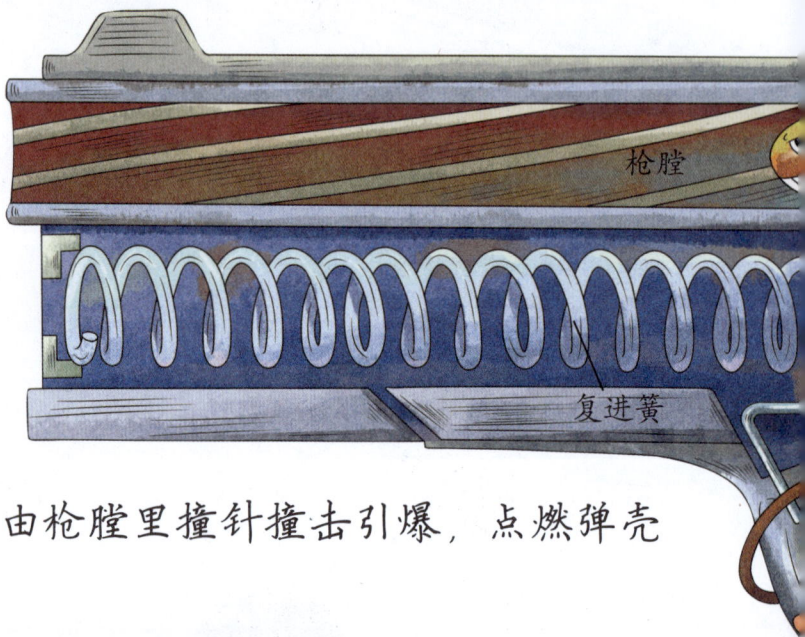

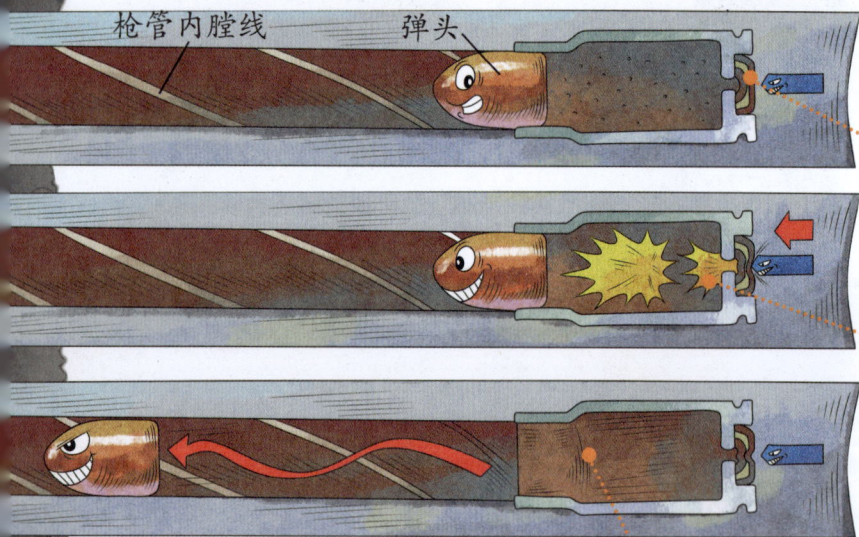

枪膛

复进簧

枪管内膛线

弹头

底火由传火孔、发火砧和引爆火药组成，撞针撞击使底火里的引爆火药燃烧。

引爆火药燃烧使弹壳内的发射火药瞬间燃烧，同时产生高温高压的气体，将弹头从弹壳内射出。

这时的**弹头**在**发射火药**产生的爆炸气体的推动下向前移动，受到枪管内膛线的挤压，产生旋转，最终被推出弹膛，子弹瞬间就被发射出去。

子弹底火的成分通常为雷汞、氯酸钾和一些稳定剂，它在装进底火帽里时，要留出一些空间，防止底火意外引爆。

撞针

回针簧

击锤

子弹

装有子弹的子弹匣。

击锤簧

发射火药的主要成分是硝化棉。

25

汽车的刹车

行驶中的汽车遇到突发情况时，司机会踩刹车，以便让汽车减速或停下来。汽车的这个刹车系统由两个以上的液压缸组成，液压缸之间由填充着液体的导管连接，每个液压缸都有一个活塞，通过活塞的移动，可以达到刹车的目的。

在**鼓式刹车系统中，**当脚踩住**刹车踏板**时，刹车踏板移动主液压缸内的活塞，整个刹车系统中的刹车液压力增大。

高压状态下的**刹车液**将车轮液压缸内的活塞向前推，使**刹车蹄**压向刹车轮毂，用强大的摩擦力使汽车减速。

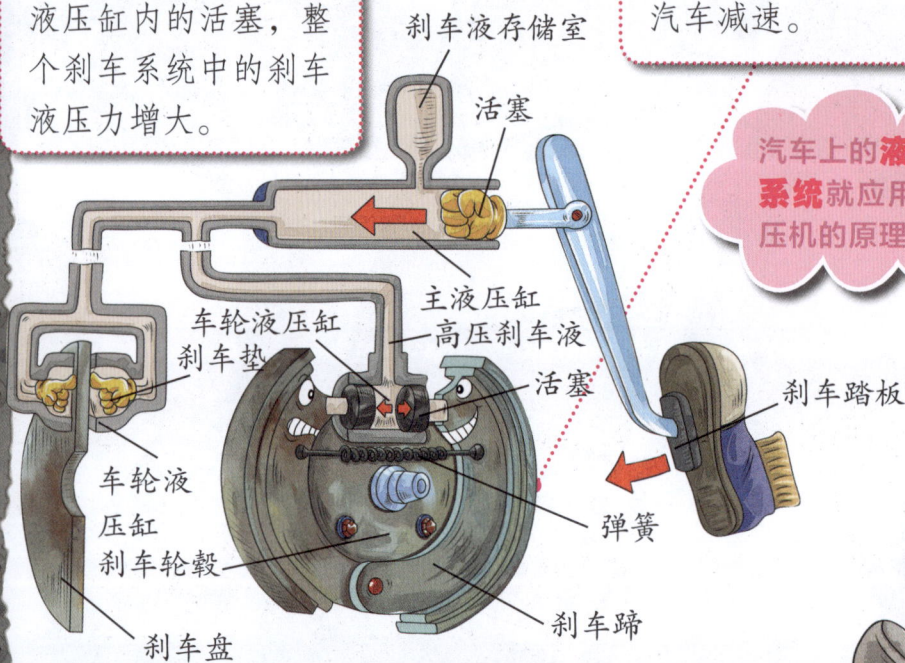

汽车上的**液压刹车系统**就应用到了液压机的原理。

刹车液存储室

活塞

车轮液压缸刹车垫

主液压缸
高压刹车液

活塞

刹车踏板

车轮液压缸刹车轮毂

弹簧

刹车盘

刹车蹄

圆盘式刹车装置适合安装到需要较大刹车能力的汽车前轮或全部的车轮。

刹车垫

圆箍

刹车盘

圆盘式刹车系统的液压装置内，刹车液的压力使**刹车垫**作用在刹车盘上。踩下刹车踏板，**圆箍**就会收紧刹车垫，夹住刹车盘，使车轮慢下来。

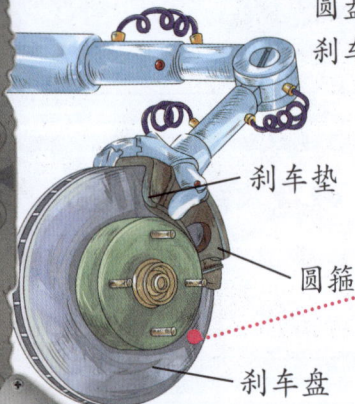

液压机的运作原理与杠杆和齿轮相同：液压缸越宽，产生的力就越大，移动距离也越短。相反液压缸越窄，移动距离越长，产生的力越小。

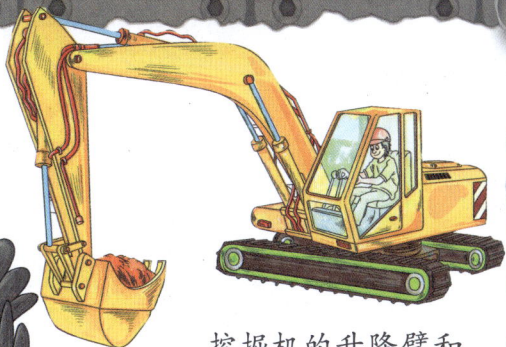

挖掘机的升降臂和拉杆都是利用液压扬升机工作的。

推土机装斗上的小型液压扬升杆代替了传统的齿轮传动装置。

科学早知道

化学

冰河 编著

中国和平出版社
China Peace Publishing House
北京

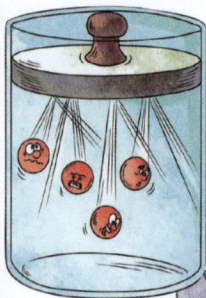

图书在版编目（CIP）数据

科学早知道. 化学 / 冰河编著. –– 北京 :中国和
平出版社, 2024.4（2024.7重印）
ISBN 978–7–5137–2766–2

Ⅰ.①科… Ⅱ.①冰… Ⅲ.①科学知识－少儿读物②
化学－少儿读物 Ⅳ.①Z228.1②O6–49

中国国家版本馆CIP数据核字(2024)第063755号

科学早知道　化学
KEXUE ZAO ZHIDAO HUAXUE

冰河　编著

责任编辑	张春杰
插图绘画	百闻文化
设计制作	张　昕
责任印务	魏国荣
出版发行	中国和平出版社（北京市海淀区花园路甲13号院7号楼 10层　100088）
网　　址	www.hpbook.com　bookhp@163.com
出版人	林　云
经　　销	全国各地书店
印　　刷	鸿博睿特（天津）印刷科技有限公司
开　　本	889mm×1194mm　1/16
印　　张	8
字　　数	80千字
印　　量	40001~60000册
版　　次	2024年4月第1版　2024年7月第4次印刷
书　　号	ISBN 978–7–5137–2766–2
定　　价	100.00元（全4册）

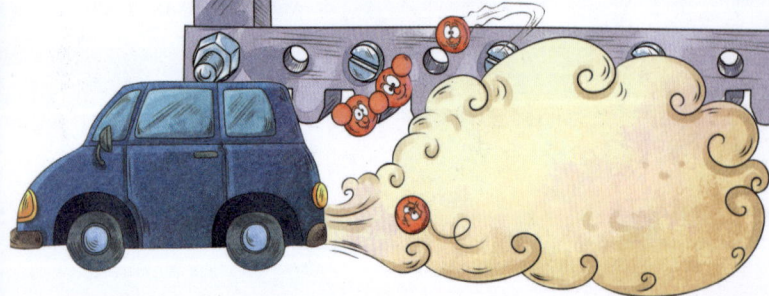

目　录

化学，好像很枯燥，离我们很远。其实，生活中处处离不开化学，离不开化学反应，例如铁生锈时，氧气分子与铁原子发生反应，产生新物质——氧化铁；光合作用是植物利用太阳的能量，把二氧化碳分子和水分子巧妙地结合在一起，生成了葡萄糖分子和氧气分子。这些奇妙的化学反应解答着各种各样的科学现象。

这本书就是用生动的文字、精美的绘画，激发孩子对化学的兴趣，掌握关于化学的奥秘。

Cl

Hg

高能量状态 ——气态

气体粒子的活动虽然非常自由，但当它们互相碰撞时，也能感受到分子之间的作用力。所以，在气体粒子发生碰撞时，会有些"黏滞"。

物质有三种状态，即气态、液态和固态。气态是物质的最高能量状态。气体分子之间的作用力很小，无法约束分子的热运动，使得分子移动非常自由，无法实现分子的聚集，这时物质就呈气态。如果气体被压缩或降温，分子间的作用力便可以约束住分子的运动，气体可能变成液体，甚至是固体。

气体填满容器时，其分子会对容器壁施加**力**。温度升高时，气体分子移动速度和距离会加大；如果压缩容器体积，气体分子会"老实"下来，变成液体。

水分子

表示压力的帕斯卡

最初，人们用大气压为单位来测量压力。而对于压力的单位用什么来表示，进行了很长时间的争论。最后，科学家们决定，用帕斯卡（简称"帕"）来表示压力的测量单位。一个大气压相当于101325帕斯卡。

在一个较大的体积内，单位面积上碰撞的粒子数较少。

在一个较小的体积内，单位面积上碰撞的粒子数量较多。

气体分子会不断地向各个方向移动，充满整个空间。

◎ 关键词：气体与气态

气体与气态之间是有区别的。气体是物质的一个状态，而气态是物质的一种状态。

气体的压力是气态粒子与容纳它的容器壁发生碰撞所产生的压力。

中等能量状态——液态

液体状态是物质的中等能量状态，加热可以把液体变成气体；低温又能把液体变成固体。一般情况下，液体的表面像有一层膜一样，分子之间的吸引力会形成表面张力，比内部的分子结合得更紧密。水黾能表演"水上行走"的绝技，主要原因就在于此。液体分子虽然不像气体分子那样"自由奔放"，但它可以随意流动。液体受热时会膨胀，当受热到一定程度，分子间距就会增大，分子间作用力会大大减小，液体就蒸发成气体。

分子运动可以克服凝聚力。加热液体时，一些分子运动加快，并冲破液体表面而蒸发。

当大锅咕嘟咕嘟地起泡时，就意味着**沸腾**时间到了。

液体沸腾的温度称为它的沸点。同一种液体的沸点会随外界的大气压强变化而改变。

◉ 关键词：沸腾

沸腾是指给液体加热，其温度超过其饱和温度时，液体内部和表面同时发生剧烈汽化的现象。

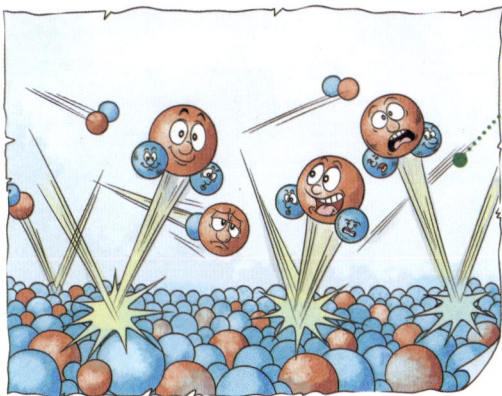

液体分子间的**结合力**，比固体分子间的结合力弱很多。本来液体分子是愿意结合在一起的，可**沸腾**打破了这种结合，使分子趋于独立，逐渐变成气体。

乙醇的沸点是78摄氏度，水的沸点是100摄氏度。随着分子变大，物质的沸点会逐渐升高。乙醇（C_2H_6O）有9个原子，比水（H_2O）的原子要多，但它的沸点为何比水的沸点低呢？原来，水分子之间还存在一种更强的分子间作用力——氢键，这种作用力会极大地约束水分子之间的运动，从而极大地提升了水的沸点。

煮不"开"的水

我们所说的水"开与不开"，是指水能否达到100摄氏度。我们知道，水的沸点与外界的大气压有关，而在海拔较高的青藏高原，大气压会比较低，因此，水会在低于100摄氏度的温度下沸腾。这就是在高原烧水烧不"开"的原因。

了不起的小东西——原子

吃饭时用的勺子是由什么组成的？还有你早上喝的牛奶、写字用的笔等，这些都是由什么物质组成的呢？

化学家们给出的答案是：原子是构成物质的基本微粒之一，也是化学变化中的最小粒子。当然，原子还可以再被分解成更小的单位。虽然我们肉眼看不到原子，但它的能量却十分巨大，比如我们后面要介绍的原子弹等。

古希腊学者留基伯根据原子的猜想，创建了**原子论**。后来，留基伯的学说通过其学生德谟克利特的研究，得到了进一步的发展和完善，是现代原子论的重要基础。

原子：由原子核以及围绕在原子核周围运转的电子构成。

原子核

质子：质子带正电荷。

中子：中子不带电荷。

原子核是原子的核心，由质子和中子构成。

电子带负电荷，按照一定轨道围绕原子核运转。

万物皆来源于原子

在希腊文中，原子是"不可分"的意思。古希腊学者德谟克利特认为，世界上所有物体的本原都是"原子"。在他与其老师留基伯所创建的原子论中认为，原子不可再分，坚固不可入，不存在缝隙，且永恒存在，不生不灭。德谟克利特认为，原子存在于世界上的数量是无限的，而且始终以震动的方式，不停地运动着。

夸克

科学家们还发现了一种构成物质的更基本的粒子——夸克。夸克不能被直接观测到，也不能被分离出来，这种现象被称为"夸克禁闭"。夸克之间相互结合，形成的复合粒子叫强子。质子和中子都是强子。

◎ 关键词：原子

不同物质，原子的大小不同，它们之间可能像玻璃弹珠和足球之间的差距。

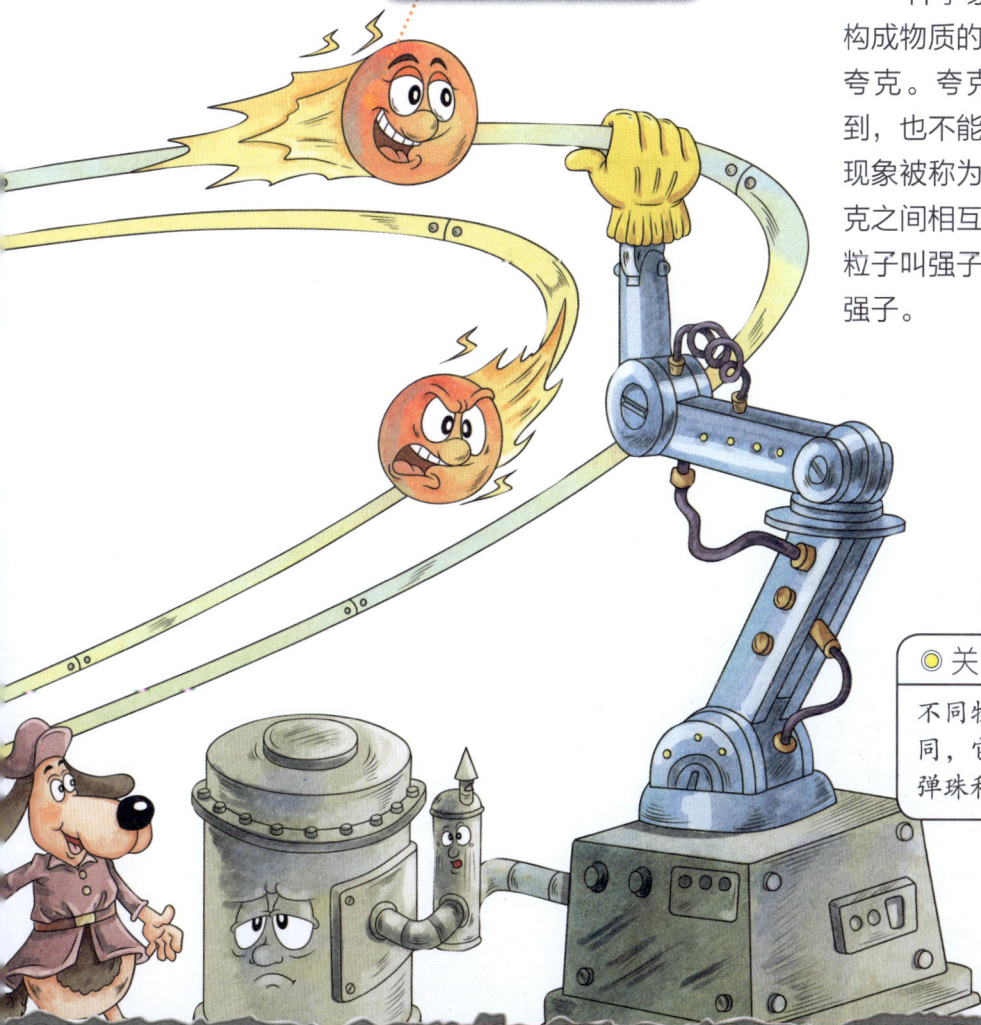

非金属元素

在元素周期表里，各种元素所在的位置是很有讲究的。它们被分为金属元素和非金属元素。金属元素在元素周期表的左下方，而非金属元素集中在右上方。也就是说，在元素周期表中，越往下、往左，元素的金属性越强；越往上、往右，元素的非金属性越强。

S

硫（化学符号：S）：硫通常为黄色固体，在火山地区比较常见。古人常燃烧硫磺用于消毒杀菌，它还是黑火药的主要成分。硫燃烧时，会散发难闻的气味。

氯（化学符号：Cl）：氯气是一种密度大、有刺激性气味的黄绿色气体。氯气的化学性质非常活泼，因此非常危险。氯气溶于水后可以杀灭水中的病菌，常用于饮用水和泳池的消毒。

Cl

I

注：气体的密度大小通常以空气的密度作为比较标准。

碘（化学符号：I）：碘加热时能升华成紫色的气体。常常存在于防腐剂、动物饲料、染料、工业催化剂以及冲洗照片的显影剂等化学物质当中。

科学家认为，元素的金属性源自于它失去电子的能力，而非金属性源自于它得到电子的能力。

磷（化学符号：P）最初是从尿液中提取出来的。常见的磷分为红磷和白磷。白磷看起来像白蜡，但与氧气发生反应放出大量热，并发出白光。

碳（化学符号：C）是构成有机物的主要元素。碳的化学性质很稳定，柔软的石墨和坚硬无比的钻石都是碳的同素异形体。在工业和医药上用途很广。

尿液

红磷

P

Br

C

溴（化学符号：Br）在通常状态下，是深红棕色有臭味的油状液体，有毒。液态溴对皮肤有腐蚀性。天然海水和盐水中都能提取出来溴，常被用于杀虫剂和药品等。

砷（化学符号：As）在很久以前，砒霜（三氧化二砷）就作为毒药被人们所了解。虽然含有砷的化合物都具有很强的毒性，但实际上砷元素本身没有毒。

As

氧（化学符号：O）是地球上最常见的元素，占人体一半多的重量。人们从空气中提取大量的氧气，用于炼钢和化工。

O

金属元素

在很早以前，金属就出现在人类的生活中了。在古埃及建造金字塔的年代，很多种金属已被人们用来制作工具或饰品。到了中世纪的欧洲，炼金术的盛行让人们更加热衷于寻找新物质。但由于技术有限，当时的人们能够发现和了解的金属元素，也只有现在比较常见的几种，例如金、银、铜、铅、铁、锌、锡、锑、铋和汞等。

金（化学符号：Au）：黄金作为贵金属的历史十分久远，永远闪耀着金灿灿的光芒。它有很好的延展性，人们常将它制成饰品和装饰用的金箔。

Au

Ag

铜（化学符号：Cu）质地柔软，具有良好的导电、导热性能，能与其他金属熔合成合金。

Cu

银（化学符号：Ag）是具有良好导电、导热性能的金属，它的延展性和金差不多，但纯银容易被氧化。

汞（化学符号：Hg）是常温常压下，唯一呈现液态的金属。汞有剧毒，密度比铅还大。血压计和体温计中常用到汞。不过，汞在零下39摄氏度时会凝固。

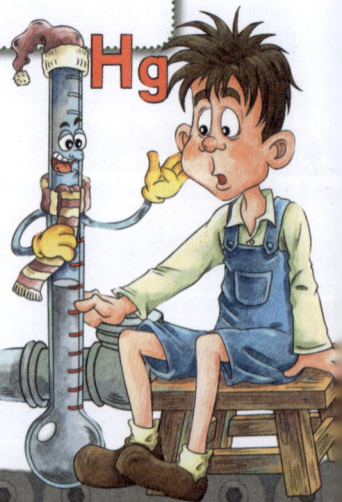

Hg

铁（化学符号：Fe）出现在人类的历史中，要比铜晚一些。它韧性强，很坚硬，且熔点高，比铜更适合制作成工具和武器。

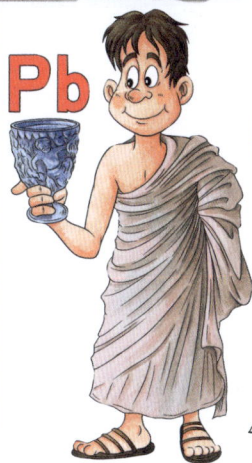

铅（化学符号：Pb）是重金属，质地柔软，受热后很容易熔化。在古罗马时期，人们会用它来制作餐具和水管。

锡（化学符号：Sn）是发现最早的金属之一，其质地柔软、坚韧。古代青铜器的主要成分就是锡和铜。现在，锡还常被用到各种合金中。

◎ 关键词：延展性

一般是指金属在受到拉力、锤击或滚轧等作用力时，能够延伸成细丝或展开成薄片而不断裂的性质。

锌（化学符号：Zn）与铜混合可以得到黄铜。锌常常被镀在其他金属表面作为抗腐蚀的保护膜。

铋（化学符号：Bi）是有银白色光泽的金属，略带粉色，质脆易粉碎，可入药。铋的熔点相对较低，常用于喷淋灭火系统。

锑（化学符号：Sb）的发现是炼金术士的功劳。作为金属，锑质脆、有光泽、银白色，具有延展性。在印刷工业和电池制造中会用到锑，它还会用作轴承和电缆的防护层。

钻石和石墨

在自然界中，经常会出现神奇的"亲缘关系"，比如璀璨夺目且坚硬无比的钻石和铅笔芯里黑黑的、易折断的石墨，竟然是"兄弟"。虽然它们的外观和化学性质不同，但都是由碳原子构成的。它们的不同表现为原子的排列方式不同。

◎ 关键词：同素异形体

由同一种元素组成，但性质却不相同的单质，被称为同素异形体。也就是说，构成同素异形体的化学元素相同，但原子的排列方式不同，导致性质不同。在化学性质和物理性质上，同素异形体之间的差异都很明显。

碳原子

钻石晶体中的碳原子排列： 钻石中的碳原子排列紧密，而且呈现出立体网状结构。正是这样的排列结构，让钻石成为世界上最坚硬的物质。

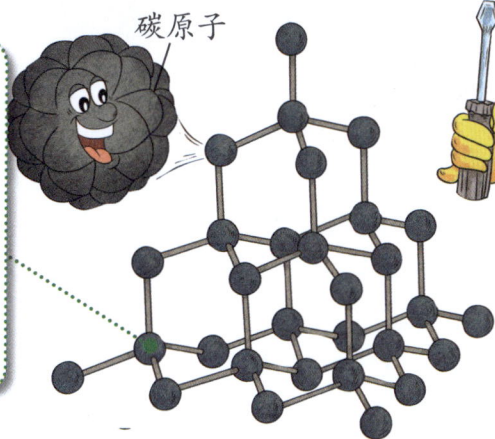

铅笔　　碳原子

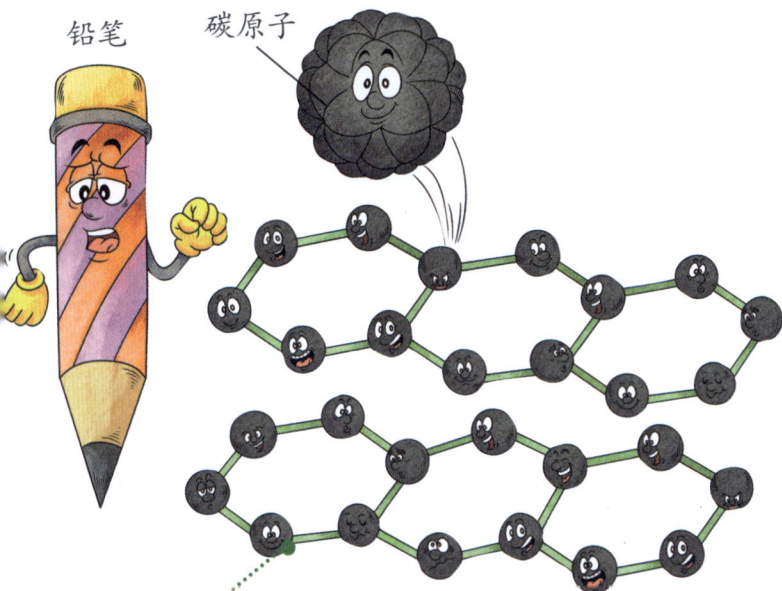

光彩夺目的钻石

钻石是利用金刚石矿物加工而成的，是具有规则切面的多面体。光线在多个切面之间折射，让其看起来光彩夺目。钻石坚硬的特质，璀璨的"形象"，一直被人们当做忠贞爱情的象征。

石墨中的碳原子排列： 石墨中的碳原子呈现平面层状排列，层与层之间距离较远，结构不稳定，有容易脱落的特点，因此，可以做成写字的铅笔芯。

1564年，英国人发现了一种黑色的东西——石墨。由于石墨可以像铅一样在纸上留下痕迹，而且，痕迹比铅还要黑。所以，石墨被人们称为"黑铅"，并利用它发明出了铅笔。

碘元素

碘元素是元素周期表中的卤族元素之一。自然界中，碘的含量比较稀少，在地壳中的含量位居第47位。单质碘，是紫黑色晶体，易升华，有一定的毒性和腐蚀性，主要用于制药、染料、试纸等。

1811年，科学家库特瓦意外地发现了**碘元素**。当时，他在进行蒸发母液的过程中发现，母液中产生了一种美丽的，像彩云一样冉冉上升的紫色蒸气，它很快充满了实验室，让人感到窒息。

虽然**碘**主要来源于矿石，但海水中碘的含量却很大，海洋中的海藻、海带等都含有碘。食用海洋中的藻类，能够很好地给人体补充碘。

海藻、海水、海鱼都富含碘

对动植物来说，碘都是非常重要的。海水中含有碘化物和碘酸盐的量比较大，这些碘化物和碘酸盐进入大多数海洋生物体内，并参与新陈代谢。而且海藻、海鱼等海洋生物也有吸附碘的能力，这使得它们体内的碘含量比较高，是人类补碘的绝佳食品。

○ 关键词：卤族元素

元素周期表中的ⅦA族元素被称为卤族元素，其中包括氟、氯、溴、碘、砹。它们在自然界中都以盐类存在，是成盐元素。

哇！不小心擦破了皮！用碘伏消消毒吧！碘伏的主要成分是碘。

碘是维持人体甲状腺正常功能所必需的元素。成年人体内含有20~50毫克的碘。当人体缺碘时，甲状腺会肿大。多食海带、海鱼等含碘丰富的食品，对于防治甲状腺肿大很有效。

无处不在的氮

　　虽然空气中的氧气是很多动植物必需的，但是大气中含量最多的却是氮气，约占78%。氮不仅在大气中占的比重较大，在土壤以及动植物体内的比重也不小。不过，在土壤和动植物体内，氮多以化合物的形式存在。自然界中，氮多以无色无味的气体形式存在，想找到它可不容易呢。

被带到海洋中的**氮元素**，通过蒸发作用等，以氮气的形式回到大气中。

动物吃含有**氮元素**的植物，以摄取生命活动所需的氮。

地壳中的氮被流动的水带到海洋。

　　土壤里的细菌能将从大气中获取的氮元素固定住。植物通过根部将氮元素从土壤中吸收进体内，从而带入到食物链当中。

动物食用含氮丰富的植物，将植物体内的有机氮转化到动物体内。

植物吸收土壤中的无机氮化合物，将其化合成有机氮。

火山喷发的时候，地壳中的氮随岩浆喷出，一部分悬浮在大气中，另一部分随火山灰落到地表上。

闪电时，大气中的一些氮会与氧生成**二氧化氮**，并随着雨水进入土壤，成为植物生长的天然氮肥。

动物的遗体、排泄物等中的有机氮被微生物分解，转化为**无机氮**，进入土壤。

人们利用**固氮**过程，生产**硝酸盐**类化学肥料。

固氮菌会将动植物尸体中的氮化合物转化为氨，再将其转化为含氮元素的化合物——硝酸盐或亚硝酸盐。

这些**元素氮**进入土壤，为下一轮氮循环做准备。

固氮菌

铵离子

亚硝酸盐离子

硝酸盐离子

生活中氮的使用

将氮气充在白炽灯泡里，可防止钨丝的氧化，减慢钨丝的挥发速度，从而延长灯泡的使用寿命。人们还利用氮气使粮食处于休眠和缺氧状态，减缓代谢，并起到防虫、防霉和防变质、防污染的效果。

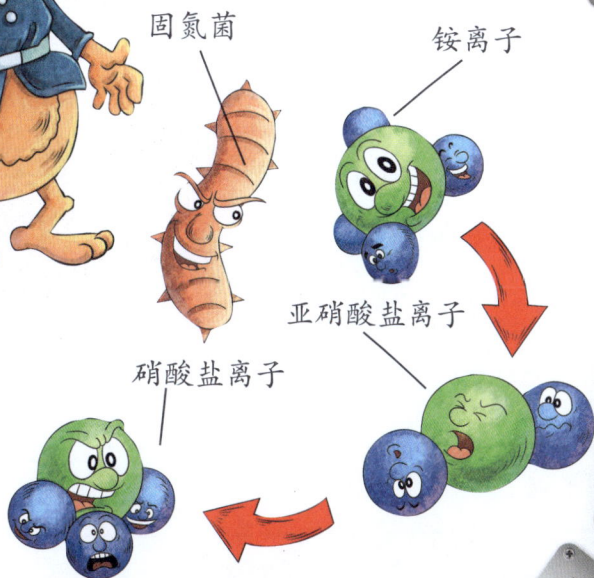

元素周期表

元素周期表可以说是化学这一学科的"寻宝图"。它的创始人门捷列夫通过这张清晰简洁的地图，为化学奠定了坚实的基础。在化学的世界里，还有很多很多的问题，需要我们去寻找答案，而元素周期表就是最可靠的依据之一。有了这张"寻宝图"，不仅能够找到很多我们还不了解的答案，也许还能找出未被发现的元素呢。

元素符号是用来标记元素的特有符号，还可以表示这种元素的一个原子。元素符号通常用该元素**拉丁文名称的第一个字母**（大写）来表示，例如氢的元素符号是H。

镧系元素

锕系元素

如果不同**元素拉丁文名称**的第一个字母相同，就在第一个大写字母后面，加上元素名称中的其他**小写字母**以示区别，例如金的元素符号是Au。

地球上有多少种元素

有些理论认为，地球上现有的天然元素，都来自于很久以前的宇宙大爆炸。科学家们发现的天然元素约有90多种，在地壳里，有8种元素占了地壳全部质量的90%左右，其中氧是含量最丰富的元素，其次是硅，然后是铝、铁、钙、钠、钾和镁。铁元素是构成地心的最主要元素。

元素不仅存在于自然界中，也存在于我们的身体里。**氧**在组成人体的元素中占首位，此外人体中碳、氢、氮、钙、磷、钾、硫、钠等元素含量也很丰富，还有铁、锌、铜、锰、铬、硒、钼、钴、氟等**微量元素**，它们都是维持生命的重要元素。

● 关键词：元素周期表

1869年，俄国化学家门捷列夫编制了最早的元素周期表。科学家认为，元素周期表中所记录的，并不是所有的元素，因为还有没被发现的元素和人们制造出来的新元素。所以，元素周期表并不是固定不变的。

分子的世界

分子是由两个或更多的原子靠化学键结合在一起形成的。例如水分子就是由两个氢原子和一个氧原子构成的。原子或离子之间相结合的作用力，被称为化学键。

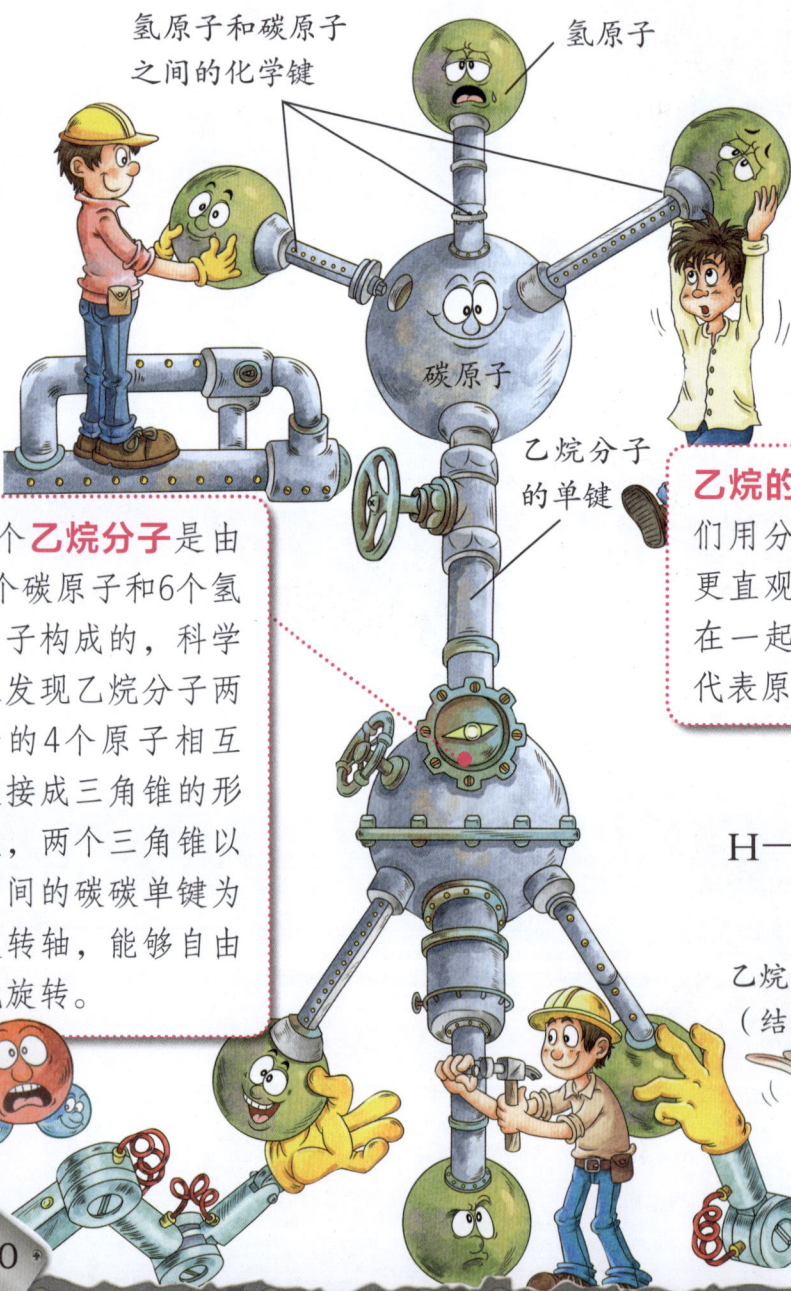

氢原子和碳原子之间的化学键

氢原子

碳原子

乙烷分子的单键

分子的构成要用**化学分子式**来描述，化学分子式也被称为物质的最简"化学式"，它可以告诉我们一个分子是由哪些原子和多少原子相互结合的。

1个**乙烷分子**是由2个碳原子和6个氢原子构成的，科学家发现乙烷分子两端的4个原子相互连接成三角锥的形状，两个三角锥以中间的碳碳单键为旋转轴，能够自由地旋转。

乙烷的化学分子式是C_2H_6，我们用分子结构式来表示，可以更直观地显示原子是如何结合在一起的。结构式中的短线就代表原子之间的化学键。

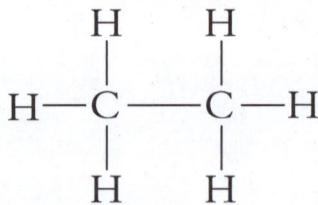

$$
\begin{array}{ccc}
 & H & & H \\
 & | & & | \\
H - & C & - & C - H \\
 & | & & | \\
 & H & & H
\end{array}
$$

乙烷分子结构式
（结构简式为CH_3CH_3）

聚乙烯是一种塑料，聚乙烯是由很多碳原子和氢原子结合而成的。

聚乙烯的结构式

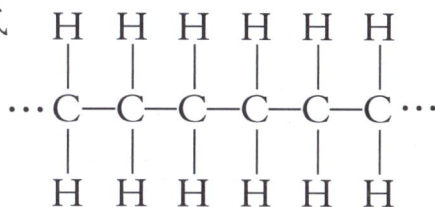

$$\cdots \overset{\displaystyle H \quad H \quad H \quad H \quad H \quad H}{\underset{\displaystyle H \quad H \quad H \quad H \quad H \quad H}{C - C - C - C - C - C}} \cdots$$

聚乙烯的结构简式是C_nH_{2n}，它的结构式像被上下挥舞的跳绳一样呈波浪状。

化学实验类似烹饪，向容器里放入药品要有规矩，加入的顺序、用量等都必须按照事先定好的规矩来，就像按照菜谱做菜一样。

通过分子来了解水和冰

水是我们身边最常见的由分子构成的物质。水的分子式为H_2O。构成水分子的原子之间的作用力并不是一成不变的。冰是水的固体形态，是水分子有序排列形成的结晶。冰块中每个水分子会被4个水分子所包围，形成一个间隙较大的四面体。冰融化成水时，热运动使水分子通过氢键结合起来，水分子之间靠得更近，水分子间的间隙减小，密度反而增大，这就是冰能浮在水面上的原因。

水分子

◎ 关键词：化学键

化学键根据形成原因的不同，分为离子键、共价键和金属键。离子键是通过原子间的电子转移，形成正负离子，由静电作用形成的。共价键是非金属原子之间在结合过程中，只把外层电子共享形成的。金属键是由多个原子共用一些自由流动的电子形成的。

夸克组成中子

夸克组成质子

氢原子

氦原子核

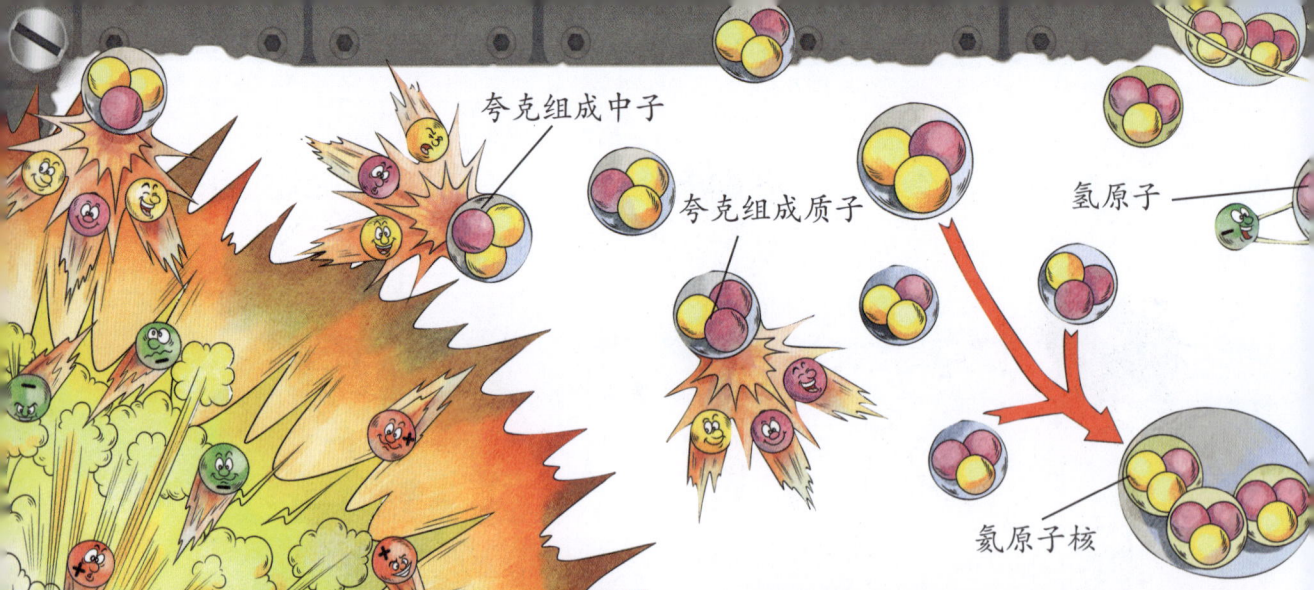

氢和氦的诞生

宇宙的诞生源自于大约130多亿年前的大爆炸。在爆炸的那一瞬间，宇宙温度急剧上升，短短几分钟后，温度就降到了大约10亿摄氏度。这样的高温保持了很长时间，在大约30~70万年后，温度才下降到大约4000摄氏度。高温使得质子和中子结合到了一起。在宇宙大爆炸后的温度变化过程中，宇宙只产生了氢和氦两种元素。

氢的含量在宇宙中排名第二，而且都是在宇宙大爆炸后，约一分钟的时间内产生的，同时产生的还有氦。

按照元素产生的顺序，**氢**排在第一。在高温下发生的核聚变反应中，产生了**氦**。三个氦在高温下聚到一起，又产生了碳。接下来，便依次产生了氧、氖、镁和硅。

氦原子

星系：在大爆炸发生后大约10亿年，星系开始形成。

宇宙膨胀：从大爆炸至今，宇宙仍处于不断膨胀的过程中。

氦气可作为火箭液体燃料的压送剂和增压剂，大量用于导弹、宇宙飞船和超音速飞机上。

"兴登堡"号飞艇被誉为空中的泰坦尼克，飞艇气囊里充满氢气。在最后一次飞行即将着陆时，飞艇在空中突然起火燃烧。巨大的氢气囊几乎立即被烈焰吞没，最终在浓烟之中焚毁。"兴登堡"号失事后，充氢气的飞艇退出了历史舞台。

氦的发现和用途

氦的发现源于1868年的一次对日全食的观察。当时的法国天文学家詹森、英国天文学家洛克耶尔都发现了太阳光谱上的一条黄线D。当时人们认为这条线只有太阳才有，并且是一种金属元素，被命名为氦。1895年，英国化学家莱姆塞和特拉弗斯，在用硫酸处理沥青铀矿时，产生了氦。这证明了地球上也有氦元素，而且它并非金属元素。

行星：大爆炸发生后100亿年左右，行星逐渐形成。

水分子的排列

水有三种状态——液态水、固态冰和气态水蒸气，它们都是由水分子组成，水分子的排列方式会直接影响水的三种状态。水分子就像一块块拼图，用不同的方式来摆放，会呈现出不一样的状态。在水的三态中，组成冰的水分子之间距离最小，水蒸气最大。在水分子之间，存在着分子间的作用力，只有温度变化到一定程度时，这种作用力才会被改变，水才会呈现出另外一种状态。

冰与水的体积之谜

水结成冰后，体积会有所变化。这是因为温度在4摄氏度时，水分子间的作用力达到最大，甚至比结冰状态下水分子间的作用力还要大，这也就使得这一温度下的水分子结合得更加紧密，体积也就更小了。

水结冰不仅与温度有关，还需要有**凝结核**。当温度降低到冰点以下时，还不结冰的纯净水，称过冷水。

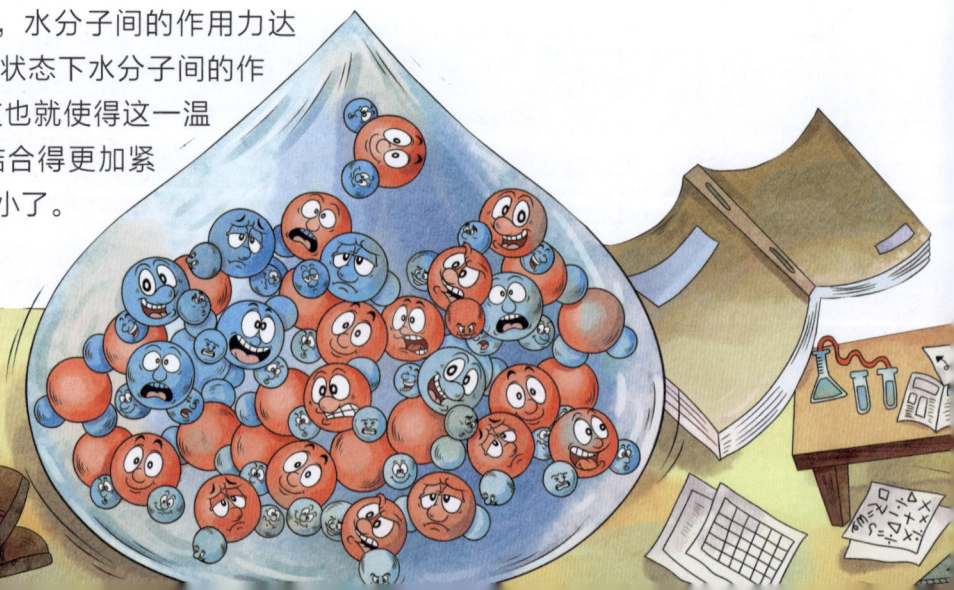

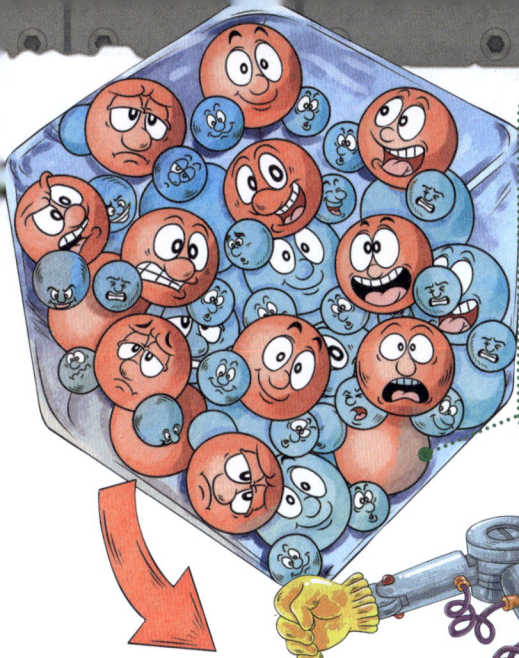

固态水也就是冰。形成固态冰以后，水分子之间的力比较大，使得它们可以保持固定的形态。

气态水：水在气体状态下，分子之间作用的力非常小。水蒸气分子会脱离分子间的作用力。单个水分子在空气中移动起来，并彼此碰撞，使其飞向四处。

液态水：在液态情况下，水分子虽然连在一起，但比较松散，分子间的力比较弱，彼此可以自由滑动，所以水可以流动。

◎ 关键词：凝结核

物质由气态转化为液态，或由液态转化为固态，或由气态直接转化为固态的过程中，起凝结核心作用的颗粒，被称为凝结核。

温度的力量

自然状态下，温度在0摄氏度以下时，水分子间的作用力将分子紧密连接在一起，最终结成冰；当温度逐渐升高时，分子间的作用力就会不断受到冲击，水分子会慢慢散开，冰最终融化成水；当温度升高到100摄氏度以上时，水分子会完全脱离分子间作用力的束缚，最终形成水蒸气。当然，这里说的是纯净水。如果是含有一定杂质的水，温度会有一些变化。

阻燃反应

燃烧是人类最早掌握的化学反应。可以说，它的出现改变了人类发展的进程。但是，有些意外发生的燃烧，脱离了人们的掌控，会给人们带来危害。这样的燃烧，就要立刻进行阻止。

泡沫灭火器在使用时，要先按下把手，让**放气阀**打开，使气体进入水面上的空间。

◉ 关键词：阻燃剂

阻燃剂是使易燃物难以燃烧的功能性助剂。阻燃剂的类型比较多，如果按照使用方法来分，可以分为添加型阻燃剂和反应型阻燃剂。

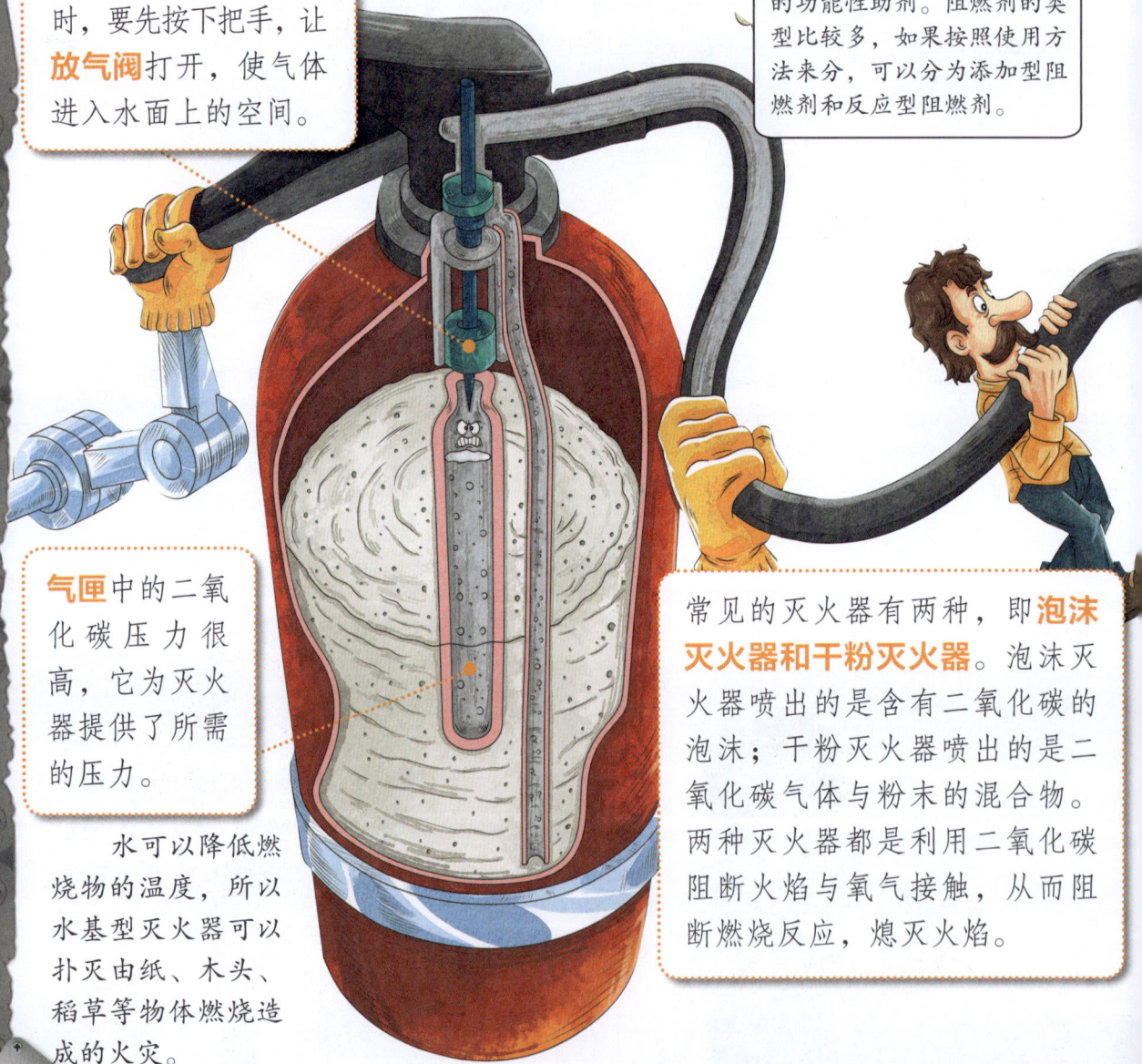

气匣中的二氧化碳压力很高，它为灭火器提供了所需的压力。

水可以降低燃烧物的温度，所以水基型灭火器可以扑灭由纸、木头、稻草等物体燃烧造成的火灾。

常见的灭火器有两种，即**泡沫灭火器和干粉灭火器**。泡沫灭火器喷出的是含有二氧化碳的泡沫；干粉灭火器喷出的是二氧化碳气体与粉末的混合物。两种灭火器都是利用二氧化碳阻断火焰与氧气接触，从而阻断燃烧反应，熄灭火焰。

发生**森林大火**时，消防员一般会在森林大火蔓延的路上，挖出足够宽的**隔离带**，使隔离带中没有任何可燃物存在，大火不能继续蔓延，隔离带以内的可燃物燃烧完全后，大火自然就熄灭了。

汽油着火可以用干粉灭火器灭火，还可以用沙土覆盖在汽油上，将汽油与空气中的氧气隔绝，以达到灭火的目的。

热水和冷水哪个灭火效果好？

灭火时是用冷水好呢？还是用热水好呢？

要知道，可燃物在到达燃点时，才会燃烧，而到达燃点需要升高温度。如果使温度降到可燃物的燃点以下，那么可燃物就不会燃烧了。一般认为，想要降低温度，自然是冷水比较好了。其实不然，冷水虽然可以吸热降温，但热水汽化所需的热量要比冷水变成热水吸收的热量大得多。用热水灭火能迅速降低温度，效果比冷水更好。

热水

冷水